学生相談と発達障害

高石恭子
岩田淳子
編著

学苑社

はじめに

　ここ数年、「発達障害」に対する医療・心理・教育・福祉領域における関心の高まりと、関連書籍の出版増加には著しいものがあります。特に二〇〇五年の発達障害者支援法の施行以後、発達障害の早期発見・早期診断とそれに基づいた治療教育の重要性が強調され、発達健診や医学的診断の行なえるシステムの構築や、療育プログラムの開発などが急速に進んだことは周知の通りです。

　その一方で、昨今は精神科医療における発達障害の「過剰診断」が問題となっているように、他の領域でも、発達障害が何を意味するかという十分な共通理解のないままその枠組を当てはめ、ラベルが独り歩きする傾向があるという側面も看過できません。すでに心身の一応の発達期を終えた一八歳以上の人を対象とする学生相談において、「発達障害」という視点を導入することは、思春期までの子どもについて考えるのとは異なった意義と留意すべき点をもっているはずです。しかし、大学教職員やカウンセラーの中でそれらはきちんと咀嚼されないまま、現場での対応に追われているのが実情ではないでしょうか。

　大学生になった彼らは、学業において一定の成果を収め、社会生活においてもおそらくは不断の努力と周囲の理解によって、何とか適応を維持してきた人々と捉えることができます。医学的診断を受けている場合も、受けていない場合も、学生生活を通じて成長し、高等教育を受けた者として社会に出ることを期待しています。そのような彼らに対し、「早期発見・早期診断・適切な療育と環境の調整」という発達障害児に対する支援の枠組みと方策は、そのまま通用しないのが当然と言えるでしょう。

大学および高等専門学校は、社会に出る前の最後の教育機関です。そこで目指される教育には、知的達成だけでなく、「自立して社会で生きていける能力の育成」も大いに含まれています。自分自身を理解し、社会的なコミュニケーション力を身に付け、就労に向けての具体的な準備を行なうということです。ここ数年、発達障害やその傾向をもつ学生が直面しやすい学生生活や修学上の問題については経験が蓄積され、学内支援のシステムづくりが進んでいますが、「どのように社会に送り出すか」「どのように社会で生きていくことが自分らしい人生の実現になるのか」というライフスパンを視野に入れた個々の学生への支援を考えたとき、カウンセラーはまだまだ手探りの試行錯誤を繰り返しているのではないでしょうか。

たとえトータルのＩＱ（知能指数）が卓越したレベルであり、学業で優秀な成績を収めて卒業した学生であっても、特別なこだわりや思考の固さ、対人関係の難しさなどにより、障害者として福祉就労したり、公的扶助を受けて人生を歩む人がいます。もてる能力を活かして、現代の競争社会の中に自分らしく生きられる場所を見つけられる人は、残念ながらそう多くはありません。現実的な進路選択がうまくできず、ひきこもったり社会への恨みを募らせていく人がいます。また、生きづらさが二次的な心身の病を生み、病との闘いに疲れていく人もいます。

そのような現状を一方でしっかりと認識しながら、日々の学生相談活動において、目の前に現れた学生を「発達障害（かもしれない）」という視点で見たとき、カウンセラーはそこから何を考え、どのような実践を行なっていけばよいのでしょうか。「共感と傾聴」だけでは足りないのは言わずもがな、積極的なソーシャルスキル・トレーニングを自ら学生に実施すべきでしょうか。障害の疑いを伝え、医学的診断を受けるための受診を促すべきでしょうか。親を呼んで幼少期の発達を聴取すべきでしょうか。診断をもっている場合は「特別な支援を必要とする学生」として学内の支援システムに乗せ、連携強化を行なうべきでしょうか。療育手帳や精神障害者保健福祉手帳の取得を勧めるべきでしょうか。どんな場合に、どの判断がふさわしいでしょうか。

本書は、今日の高等教育機関において、学生相談を行なうカウンセラーや教職員が「発達障害」をめぐって直面する、こういったさまざまな疑問や困難を取り上げ、事例として提示し、そこからどのような対応や支援の考え方があり得るかを解説します。どれが正解か、という特定の方針を示すことは意図していません。また、特定の理論的背景に基づいて、何かを検証しようとするものでもありません。発達障害（とその傾向をもつ）学生がどのような内面世界と生きづらさを抱えているか、またカウンセラーがそこに寄り添うとき、何に惑い、何を見いだすのか、さらにはどのような要件が揃ったときに、学生の変容と成長が促され、自分らしく社会に巣立っていけるのか、描かれた一つひとつの事例から読み取っていただけたらと思います。

なお、本書が扱う対象の範囲は、医学的診断の有無や障害学生支援の適用・不適用にかかわらず、生得的な社会性の問題や発達のアンバランスがあり学生生活に困難を生じる学生を広く含んでいます。それらの学生に対して、「障害」という言葉を用いない呼称もいろいろと提案されていますが、本書ではそこに新たな用語を加えるのはやめて、「発達障害（とその傾向をもつ）学生」となるべく統一することにしました。呼称はもちろん大切ですが、著者たちの意図は、「連続するひとつながりのどこかに位置する一人ひとりの学生」として見ていこうとするところに在ると理解していただけたらと思います。

本書の構成は、以下の通りです。

まず第1章で、学生相談と発達障害の関係（学生相談カウンセラーがどのような経緯で発達障害という視点をもつようになり、またその理解の枠組みをどう採用し、何を行ない、その結果学生相談にどのような変化が生じているか）を概説し、本書の発達障害に対する立場を明らかにします。第2章以下では、入学期から卒業後まで時系列的に順を追って、発達障害とその傾向をもつ人々の学生期の課題が、それぞれの時期にどのような事例として学生相談に持ち込まれるか、あるいは学内で事例化した学生にどのようにこちらからかかわっていくか、主要なテーマを挙げながら提示し、カウンセラーの対応を解説します。

各章の事例は、カウンセラーが経験したいくつかの典型例に基づいた創作であり、特定の個人の描写ではありません。一方、カウンセラーの対応については、各執筆者自身の内面の経験を、なるべく具体的に、ありのままに書き込んでいただくようお願いしました。その上で、それぞれの局面において学生や関係者を支援する際の留意点や、今後に向けての検討点なども提案していただいています。読者は、経験あるカウンセラーの試行錯誤の過程を追体験しながら、自らの現場での、主体的な判断を行なうヒントを得ていけるのではないでしょうか。

そして、終章では、多くの発達障害（とその傾向をもつ）学生への支援の実践を通して見えてきたカウンセラーの知恵について、共通するエッセンスを抽出し、言葉にする努力をしてみたいと思います。

以上のように、本書は高等教育の現場で学生相談に携わるカウンセラー、教職員の方に向けて編まれた、実践のためのガイドです。執筆者はすべて学生や若い成人期の人々と長く向き合ってきた心理臨床の専門家（臨床心理士）であり、大半は現役の学生相談カウンセラーです。発達障害に焦点を絞っていますが、発達障害（とその傾向をもつ）学生への支援を考えるとき、突き詰めればそれは一人ひとりの個別ニーズにどのように応え得るかという問題となり、その基本的な姿勢は、あらゆる学生相談の事例や、ひいては大学教育全体に通じるものとも言えるでしょう。その意味で、学生相談の実践に直接携わる人だけでなく、広く大学教育にかかわる方や対人援助に関心を抱いている方々、また学生期の子どもをもつご家族の方々にも手に取っていただけたらと願います。

ただ、最後に注釈しておくと、本書は「ガイド」と書きましたが、すでに多く出版されているような、発達障害に関する具体的な疑問に簡潔な回答を示すような類の本ではありません。むしろ、読者のみなさんが、事例を通して著者たちと共に悩み、迷い、それぞれの考えを膨らませていっていただくことをねらいとしています。発達障害に対する私たちの理解や向き合う姿勢は、日々変化の途上にあります。本書が、生きづらさを抱えた若い人々へのこころの援助を模索していく上での、数多くの礎石のうちの一つとなれば、幸いです。

二〇一二年四月

高石　恭子

目次

装　丁　有泉武己
イラスト　くぬぎ太郎

第1章

発達障害という視点が学生相談にもたらしたもの

高石　恭子

はじめに

今日、高等教育の現場では、当たり前のように「発達障害」という言葉を用いて学生理解が試みられ、さまざまな支援が行なわれている。一〇年前には全く考えられなかったことだが、うつや統合失調症のような精神科疾患ではなく、目に見える身体障害でもない、しかし学生なら普通にこなせるはずの学習やスケジュール管理ができなかったり、対人関係がうまく結べないために学生生活に困難を来たす一群の人々が、「発達障害」という名の下に認知されるようになっているのである。

では、「発達障害とは何か」と聞かれて、確たる定義や自分の理解を説明できる大学教職員がどれくらいいるかというと、非常に心許ないのが実情であろう。今のところ、発達障害の最大公約数的な定義としては、文部科学省が二〇〇四年に示した「自閉症、アスペルガー症候群その他の広汎性発達障害、学習障害、注意欠陥多動性障害その他これに類する脳機能の障害であって、その症状が通常低年齢において発現するものとして政令で定めるものをいう」（発達障害者支援法第二条第一項）が挙げられる。ただ、ここで言う「政令」すなわち発達障害者支援法施行令によれば、「その他」に該当するものは「言語の障害、協調運動の障害その他厚生労働省令で定める障害」と規定されており、さらに厚生労働省令をみると、「心理的発達の障害並びに行動及び情緒の障害」がその範囲として提示されている。これらを厚生労働省が準拠するICD-10（WHOによる疾病及び関連保健問題の国際統計分類第一〇版）と照合すると、てんかんや緘黙なども含め、「発達障害」には相当に幅広い精神医学的疾患が該当することがわかる。

行政定義が、医学的な診断体系からすればかなりの曖昧さと広がりを有しているのは、支援の必要な人々に厚く教育や福祉のサービスを提供できるようにするという意味で、目的に適っているだろう。誤解を恐れずに言えば、「発達障害」とは、今日の時代社会において、ある種の生きづらさを抱えた人々を社会が認知し、支援の対象とするために採用された概念だと考えられるのである。

本書では、そのような考え方に基づき、発達障害を一つひとつ疾病単位として規定しようとするのではなく、障害の行政定義にこだわるのでもなく、時代社会が共有する人間理解の「枠組み」ないし「視点」（たとえば「発達障害という物語」（斎藤・西村・吉永、二〇一〇））と捉える立場をとる。医学的には、発達障害には知的障害（精神発達遅滞）も含まれるが、高等教育機関に入学する能力をもっているという点で、学生相談の対象としては一応除外できる。また、学生期の年齢になれば、児童期のように注意の障害や多動傾向が単独で大きな問題となることは少なく、学習障害の場合も、それだけをもって学生相談の対象になることはあまりない。したがって本書で扱う「発達障害」とは、主に高機能自閉症、アスペルガー障害、高機能広汎性発達障害の範疇（より今日的な表現で言えば「自閉症スペクトラム障害」とその周辺）にある、知的障害はないが生得的とされる社会性の問題を抱えた若い人々を指していることを最初に断っておきたい。

大学における発達障害支援の動向

さて、大学においてこのような「発達障害」の問題が認知され、支援についての研究や実践が積み重ねられるようになった背景には、「特殊教育」から「特別支援教育」へという、教育界全体の大きなパラダイム・シフトがあったことが知られている。学生相談と発達障害の関係を論じる前に、まず「発達障害」という概念が、どのようにして教育の領域でクローズアップされるに至ったかを整理しておくことにする。

従来、わが国では心身に障害のある子どもに対して、障害の程度に応じて特別な教師が特別な場で指導を行なうという理念のもと、「特殊教育」が行なわれていた。しかし、二〇〇一年に中央省庁の再編に伴って誕生した文部科学省は、特殊教育課を廃して特別支援教育課を設置し、どのような問題をもつ子どもであっても、一人ひとりの個別ニーズに応じた支援を行ない、とくに学習障害（LD）、注意欠陥多動性障害（ADHD）、高機能自閉症の児童生徒については、他の子どもたちと同じ場で、教師たちの協働により、学校全体として教育を行なうという「特別支援教育」の理念に転換したのである。それは、わが国の近代以降の長い教育の歴史の中で、画期的なことであった。

二〇〇三年三月に文部科学省の特別支援教育の在り方に関する調査研究協力者会議から出された「今後の特別支援教育の在り方について（最終報告）」では、これまで通常の学級に在籍し、修学上の困難を抱えながらも教育的支援の対象にならなかった一群の児童生徒に対し、組織的な対応を行なっていくことの重要性と決意が示されている。その方向性を決定づけた根拠の一つとして、最終報告に先立って二〇〇二年に実施された、「通常の学級に在籍する特別な教育的支援を必要とする児童生徒に関する全国実態調査」があるだろう。同調査では、公立小中学校の通常の学級に在籍する子どものうち約六・三パーセントが「知的に遅れはないものの学習面や行動面で著しい困難を示す」と教師が判断する結果が出て、義務教育現場の抱える深刻さを表すデータとして、インパクトをもって受け止められた。ここで調査された困難とは、いわゆるＬＤ、ＡＤＨＤ、自閉症の特質によるものを指す。

中学から高等学校への進学がほぼ全数に近く、さらに一八歳人口のうち高等教育に進学する割合が過半数となった今日の状況を考えると、大学にもおそらく同様の困難を抱える学生が二〜三パーセントは在籍している計算になる。一万人規模の大学であれば、控えめに見積もったとしても、一〇〇人単位で就学していることになろう。前述の最終報告においても、第四章「学校内における特別支援教育体制の確立の必要性」の末尾に、「（前略）…また、ＬＤ、ＡＤＨＤ等の学生について、大学関係者の理解の促進が図られ、学生に対し相談支援を行う組織体制についての具体的検討や個々の学生への支援の内容や方法についての検討が進められることが重要である」と、高等教育に触れた記述がみられる。

これらを受けて、発達障害者支援法が二〇〇四年に成立し、二〇〇五年四月に施行されたことが、大学において「発達障害」への認知を大きく進める契機となった。その第八条第二項「大学および高等専門学校は、発達障害者の障害の状態に応じ、適切な教育上の配慮をするものとする」、第一〇条第二項「都道府県及び市町村は、必要に応じ、発達障害者が就労のために準備を適切に行えるようにするための支援が学校において行われるよう必要な措置を講じるものとする」という二つの条項は、それまで「困った学生」「変わった学生」として、批判的な目を向けられがちであった一群の学生たちを、「修学と就労準備において支援の必要な学生」と位置付けるための、法的な根拠を提供した。

ちょうど、二〇〇〇年代の半ばというのは、わが国の大学がユニバーサル・アクセス（進学率が五〇パーセントを超える）時代を迎え、国立大学が法人化され、高等教育がグローバル化に向けた大きな変革期のただ中にあって、「学生支援の重要性」への意識が否応にも高まった時期であった。それまでにはない多様な資質や背景をもって入学してくる学生に、一定の「学士力」を身につけて社会に送り出すために、学生支援体制の構築が急務の課題となっていたのである。

そこで、初等・中等教育における特別支援教育事業の推進と並行して、高等教育においても、発達障害学生に関する調査研究が行政レベルで次々と実施された。たとえば、二〇〇二〜二〇〇四年度に独立行政法人国立特殊教育総合研究所が首都圏の大学を対象に実施した「軽度知的障害学生に対する高等教育等における支援体制に関する研究」の調査結果（回収率四三・八パーセント、一三二大学）をまとめた『発達障害のある学生支援ガイドブック』、二〇〇五年に独立行政法人国立特別支援教育総合研究所（前・特殊教育総合研究所）が全国の高等教育機関に実施した調査結果（回収率六二・七パーセント、七九七校）をまとめた『発達障害のある学生支援ケースブック』によれば、学内の学生相談機関などで「発達障害」もしくはその疑いがある学生の相談を受けた実績をもつ大学はいずれも三割程度、実数は年間二〜三人、そのうち医学的な診断をもつ者は一五パーセント程度に過ぎないが、「疑い」を含めると身体障害学生からの相談よりもずっと件数が多いことが、実態として示されている。

また、二〇〇四年に設置された独立行政法人日本学生支援機構も、二〇〇五年度から毎年「大学、短期大学及び高等専門学校における障害のある学生の修学支援に関する実態調査」を悉皆調査として実施しているが、「発達障害」が「その他の障害」から独立した項目となった初年度の二〇〇六年には全国総数で一二七人だったものが、年々増加し、二〇一一年度では一四五三人と、一〇倍以上になっている（回収率一〇〇パーセント、一二〇六校）。さらに、発達障害に関しては、未診断例が多い実態を踏まえて、「医師の診断書はないが特別な配慮を行っている」学生についても別途回答を求めており、その総数は二三一〇人である。（独立行政法人日本学生支援機構、二〇一二a）これら両方を合わせた「発達障害学生」は、学生総数約三二四万人のうち約〇・一パーセントとなる。この急激な増加は、二〇〇七〜二〇〇八年に日本学生支援機構が募集した「新たな社会的ニーズに対応した学生支援プログラム」（学生支援GP）などの助成を受け、発達障害やその疑いのある学生たちへの組織的な支援体制を構築した大学や、そのモデルを取り入れる機関が現れてきた動きにもよるだろう。

同調査によれば、高等教育機関の約四割が、発達障害やその疑いのある学生に対して、修学や学生生活上のさまざまな特別な支援を行なっている。休憩室の確保やTA（ティーチング・アシスタント）の活用、学習や社会的スキルの指導など、具体的な支援の方法についてのノウハウも蓄積されている。この割合をどう解釈するかは難しいが、今日の高等教育においては、生得的とされる社会性の問題を抱えた学生を、障害学生支援というシステムの中に組み込んで抱えていこうとする一つの流れがみられることは確かである。その後も、日本学生支援機構は「教職員のための障害学生修学支援ガイド」（二〇〇九）「同改訂版」（二〇一二b）「障害学生支援についての教職員研修プログラム（DVD & Powerpoint）」（二〇一〇）などを通して、発達障害支援の啓発を行なっている。

また、大学入試センターは二〇一一年度から志願者への受験特別措置に「発達障害」という独立した区分を設け、医師の診断書と学校の意見書などをもとに、時間の延長や別室受験、文字の拡大による出題、マークシート方式のチェック回答の選択などを認めるようになった。このことは、私立大学における入試特別措置に波及するのはもちろん、大学入試後の支援体制のさらなる構築を促していくだろう。

発達障害支援が学生相談に及ぼした影響

以上のような、高等教育における「発達障害」の認知とその支援の動向は、学生相談にどのような影響を与えたのだろうか。

「学生相談」もまた定義が難しく、広義には教職員が学生に対して行なう相談全般を意味するが、本書では、臨床心理学やカウンセリングの理論を学び、対人援助のトレーニングを受けた専門家としてのカウンセラーが行なう心理教育的実践（学生支援の中の専門的機能の一つ）であると規定しておく。

大学生の発達障害についての学術的な報告が初めてなされたのは、大学保健管理センターの精神科医であった福田（一九九六）によるとされるが、非医師のカウンセラーによる研究が学生相談の学会誌に登場するのは二〇〇三年以降であり、その後急速に増えていく。つまり、学生相談領域では教育行政レベルでの発達障害支援の推進と並行して「発達障害」への関心が高まり、その視点から学生を見ようとする変化が劇的に生じたということである。

たとえば、専任カウンセラーとして週四日相談室に勤務する筆者がこの一週間に出会った学生を思い浮かべると、半数以上が発達障害とその傾向をもつことに改めて驚かされる。学内連携や、随時の対応が必要になるこれらの学生は、非常勤カウンセラーよりも専任の担当となることが多いせいもあるだろう。勉強の仕方がわからない、時間管理ができない、昼間の出来事や過去のいじめられた場面がフラッシュバックして夜眠れない、なぜ人が自分に怒るのかがわからない、自分の怒りが抑えられない、就活の一次面接がどうしても突破できない、といった主訴で自ら相談室を訪れたり、教職員や保護者に促されてやって来るこれらの学生は、ここ数年加速度的に増えているように感じられる。増加の理由は、そのような視点で見るようになったからというだけでなく、マクロな次元での遺伝子的変化や、効率主義化が進み第三次産業が肥大した社会の変化という要因もあるに違いない。

これらの学生と面接を重ねる中で見えてくるのは、たとえ不適応が顕在化したのが大学入学後であっても、子どものころから同じような苦労を抱えており、なぜそうなってしまうのか、どうすればよいのか、本人には内省的に理解したり言語化して説明することが非常に難しいという共通点である。そこでカウンセラーの側が、「発達の問題をもっているかもしれない」と仮に想定してみることで、学生の内面をこちらが推し量れる範囲が広がり、新たな支援方法の模索が可能になる。

ある一年の学生は、四月の新学期早々、たびたび学生相談室を訪れるようになった。といっても、受付カウンターから数メートル離れたフリースペースの本棚に開架された雑誌を、一人で立ち読みに来るのである。長時間立っているので、「ソファに座ってゆっくりしたら？」「何学部？」などと声をかけても、反応しない。しかし、明らかに机上で仕事するカウンセラーの気配をうかがっている。伝わってくる微妙な緊張感を和らげるため、こちらは挨拶の一声以外はかけないことにした。一か月ほど過ぎた午後、試しにお茶を入れたカップを二人の間にあるテーブルにおいて「よかったらどうぞ」と勧めたところ、初めて視線をこちらに向けたが、返事はなかった。そのまましばらくして、閉室の時間を告げると、ふいにすーっと近づいてきて冷めたお茶を飲み干し、「ここって、いつ相談できる？」とぶっきらぼうな声で尋ねてきたのである。それから、会話はなかなか続かないものの、授業や集団の場に居づらくなるとカウンターにやってきて、折々の困りごとを呟いていくようになった。これが個別支援（障害としての支援ではない）の第一歩となり、さまざまな部局との連携が進んでいった例である。

この学生との出会いで筆者に再体験されていたのは、かつて自閉症や自閉傾向と言われた子どもと遊戯療法を行なったときの身体感覚である。彼らの多くは、基本的に未知の場面や人に対して本能的な

（動物的次元での）恐怖を抱くため、こちらから急に接近したり、視線を向けないほうがよい（その学生が常に立っていたのも、いつでも逃げられる体勢を取っていたということなのだろう）。回を重ね、その「場」に安心感を抱けるようになれば、彼らはしばしば背中から近づいてきてそっと触れたり、横並びに身を近づけたりしてくる。同じ一人遊びを繰り返し、情緒的なやりとりがうまくできないからといって、彼らが人とのかかわりや助けを求めていないわけではない。根気強く共に居続けていれば、いずれさまざまな変化が見られるようになり、援助的な関係が成立する。相手が青年期であっても、それは同様である。「発達障害」という視点をもち、それに合わせた対応をカウンセラーが取ることは、かつてなら静かにドロップアウトしたか、不適応の二次的反応としてのさまざまな精神科的問題への対応しかされなかった一群の学生たちへの支援の可能性を、確かに拓いたと言えるだろう。

学生相談カウンセラーの専門家たるゆえんは、これらの学生の内面を理解する理論的枠組みをもち、学生と環境（家族や大学や社会的資源）の見立てができ、カウンセリングや心理療法の技法に基づいた面接と教育的かかわりができるということである。そこに新たな「視点」が加わるということは、理解の枠組みと見立ての在り方、そしてその結果としての具体的な実践の方法が変わることを意味する。

カウンセラーによっては、面接の中での「通じなさ」「違和感」「関係の深まらなさ」といった自身の内的実感を手がかりに、これらの学生を「発達障害」と見立て、極端な場合には、「いくら会い続けても同じことの繰り返しで洞察が生まれない」「（心理療法的な）カウンセリングの対象ではない」と、無力感を訴える人がいる。これはカウンセラーの側が、特定の理論や技法の枠組みにとらわれていることから来る実感であって、自分自身の拠って立つ基盤を見直してみる機会なのかもしれない。また、逆に「発達障害」と見立てることで、社会的スキルや学習スキルの指導こそ重要と考え、「通じなさ」や

「違和感」を不問に付して、行動変容を促す教育的介入に専念しようとする人もいる。今日の動向としての障害学生支援や、発達障害に特化した組織的な学生支援の中にカウンセラーが組み込まれる場合、そうした対応が必要になることもあるだろう。しかし、岩田（二〇〇七）が述べるように、それは生まれつき脚の不自由な人に、少しでも速く歩けと訓練を迫るのと同じである。訓練を受ける側の内面への共感（痛みを分け持つこと）の努力なしに、新たな技法が支援の名のもとに次々と適用されていくような事態だけは、避けなくてはならないことと思う。

発達障害という視点が学生相談にもたらしたもの

ここで改めて、カウンセラーが「発達障害」という視点をもつことによって、近年の学生相談にもたらされた変化について、筆者なりに考察してみたい。

まず、一つ目は「二者関係重視から複眼的な事例理解へ」という変化である。

学生相談の領域に、専門家としてのカウンセラーが多く参入するようになったのは、一九八〇年代後半以降のことであるが、当時は力動的心理療法を学んだ「心理臨床家」として、カウンセラーとクライエントという二者関係を軸に事例を理解していこうとする姿勢が主流であった。心理的な問題は、カウンセラーとクライエントの契約に基づく構造的な面接を通し、お互いの意識・無意識を含めた「深い内面の相互作用」によって解決に導かれるという信念に基づいて実践が行なわれていた。たとえば、週一回の予約日以外に学生がやってきて、別のカウンセラーに対応を求めたとき、それは「治療のアクティング・アウト」（内面で行なわれるべき作業が外部に行動として漏れ出している）と理解され、「来週担当者と話してください」と言って帰っていただくという対応がなされる場合もまれではなかった。

しかし、発達障害（とその傾向をもつ）学生にとって、何か予期せぬ出来事に遭遇してパニックに陥ったときなど、「その時、その場」での援助が必要になることも多い。カウンセラーとの内面の転移関係の問題として取り扱おうとしても、彼らにはその意図がうまくつかめないばかりか、下手をするとわけのわからない批判をされているように感じられてしまう。「怒りの底にどんな無意識の衝動が隠されているのかを共に探る」よりも、彼らの思考の癖や、対人関係のパターンや、感覚過敏の特徴をこちらが理解し、「今、この怒りをどうやって鎮めるか」を具体的に伝えたり、落ち着く環境を整えるほうが、はるかに本人や周囲の人の助けになる場合もあるということだ。発達障害との出会いは、このように、二者関係においてクライエントを内面から理解するという内在的な視点から、クライエントが世界とかかわる固有のパターンやスタイルをもう一段外から見渡し理解するという、外在的な視点への移行をカウンセラーに促した。それは、単眼的理解から複眼的理解への変化とも言えるだろう。

近年の認知行動療法の理論と技法に主に依拠するカウンセラーにとっては、外在的な視点からクライエントを見るというのは最初から自明のことかもしれない。しかしながら、カウンセラーが学生の見立てに用いるものさし（判断の枠組み）は、その時代特有の病理やメンタリティに応じて変化していく相対的なものでもある。たとえば一九八〇年代以前の学生相談カウンセラーが力を入れて取り組んだのは、アパシーや対人恐怖（神経症圏）の学生であった。八〇～九〇年代にかけて最もエネルギーを割いたのは、精神医学の領域では境界性や自己愛性の「人格障害」と見なされる人々であり、一九九〇年代から二〇〇〇年代にかけてそれに取って代わったのは、「解離性障害」やその周辺の病理と「社会的ひきこもり」である。想定される内面の主な防衛機制としては、抑圧から分裂、分裂から解離へと移行し、カウンセラーはそれぞれの時代にその防衛の在り方を見立て、学生がそれらをどのように意識化し、解消できるかを目指して苦闘してきたのであった。

二〇年前に「境界性人格障害」と診断された学生が、中年期を迎えた今日、「アスペルガー障害」や「広汎性発達障害」と診断されるという現実がある。これは、どちらかが誤診で、どちらかが真実というような問題ではない。また、衣笠（二〇〇四）の言う「重ね着症候群」のように、本質が発達障害で人格障害がうわべだという理解も十分ではない。生きた一人の人間をどのような視点で見るかによって、理解も援助の方法も変化するのは当然である。大切なのは、一人のカウンセラーとして、複数の視座を瞬時に往復でき、その見え方のゆらぎや葛藤に耐えながら、複眼的な事例理解ができるということではなかろうか。

二つ目は、「親子関係への注目から、本人の発達の理解へ」という変化である。

学生相談では、直接的にせよ間接的にせよ、青年期の課題として親からの心理的自立がテーマになることは多い。学生期にカウンセリングの中で自らの生育史をふりかえり、親子関係のありようについて洞察を深めることは、大人への成長の大きな手がかりとなる。さらに、「社会的ひきこもり（大学不登校）」や、同時期に若い女性の時代病理として増加が指摘された「摂食障害」や「自傷症候群」においては、その要因として家族の機能不全が指摘され、親子の共依存関係を見立てることが重要視された。そういった中で、カウンセラーの注目は、学生のもつ内面の親イメージや現実の親子関係に向かいやすく、場合によっては実際に親のカウンセリングも行なわれ、親自身の変容が目指されてきたのである。この方法は効を奏することもあるが、下手をすると、「親の育て方」にカウンセラーが批判的なまなざしを向け、親自身を追い詰め、結果的に親子関係をさらに葛藤の強いものにしてしまう危険をはらんでいる。

発達障害という視点は、現在の不適応の要因を過去や現在の親子関係に求めるこのような事例理解の在り方に対し、生まれもった学生自身の特質やその後の発達の特徴を詳細に理解していこうとする姿勢をカウンセラーにもたらした。青年期や若い成人期の学生の「発達」を見立てるというのは、いわゆる発達の到達段階（成熟か未熟か）ではなく、その質的な違い（発達心理学の用語では「定型」か「非定型」か）をみるということである。外界からの刺激の取り入れ方、処理の仕方、情緒的なコミュニケーションの在り方、自己認識の在り方などに、生得的な独特のパターンがある場合、それらの特性は基本的に変わらないまま成長するものと考えてみる。そうするとカウンセラーは、その特性の変容を目指すのではなく、特性に合った学習や生活や生き方を学生と共に見いだしていくことになる。

このような視点をもつことによって、カウンセラーは「なぜできないのか」と探る姿勢から離れ、「このようにできなかったのだ」と、親と子へのより温かいまなざしを保つことが可能になった。誰しもが、発達の質の違い（アンバランス、不均等、でこぼこなど、さまざまに表現される）を少なくともいくらかはもっていることを考えると、このまなざしは、すべての学生とその親にとって意味あるものではないかと思う。

三つ目は、『「治る」支援から、『個性を生きる』支援へ』という変化である。

かつて、学生相談が「クリニックモデル」に偏っていると批判された時期があったように、心理臨床家のアイデンティティをもつカウンセラーには、心理的問題や症状、病理を「治療する」専門性を重視する傾向があった。今日でも、病院に勤務する傍ら、部分的に学生相談に従事するカウンセラーなどの場合、その意識を変えることは難しいようにみえる。また、一般の教職員にも同様のイメージをもつ人がいて、指導学生が不適応を呈すると熱心に学生相談室へ行くことを勧めるものの、「いつ治りますか」

「治ったら知らせてください、指導を再開しますから」と、カウンセラーに対応を預けてしまおうとされることも少なくない。しかしながら、学生相談は教育の一環であって、心の病を治すことを目的に行なうものではない。さまざまな事情を抱えつつ、どのようにして学生生活を送り、学業を成就するか、またどのように社会に出ていけるかを目指して行なわれるものである。

発達障害は生まれもったその人の特質、広く捉えれば個性であり、「抱えて生きる」ことが前提である。「治す・治る」とは対極にあるこの視点をもつことで、カウンセラーは、そういった生きづらさ抱えた学生が、それぞれの「個性」をどう自覚し、抱え、活かし、生活上の困難を克服していくかという支援をより積極的に行なえるようになった。心理療法やカウンセリングの狭い枠組みから脱け出し、面接室を出て、小グループで作業を共にしたり、学内の他の支援者のところへ伴っていったり、学習方法や社会的スキルを具体的に教えたり、といった多様な実践が展開されるようになった。

「心理臨床」の実践とは、病や障害の有無にかかわらず、最終的には個々人がその人らしく生きていけるようになる支援であり、学生相談で多様な実践を行なうこととなんら矛盾はない。今さら、当たり前のことを述べているように感じられるかもしれないが、実は、ここに矛盾を感じ、葛藤を抱えてきたカウンセラーは少なくないのである。発達障害という視点をもつことは、学生相談とは何か、心理臨床とは何かを（そして、おそらく精神医療とは何かも）、原点にかえって問い直す契機をもたらしてくれたと言えるだろう。

カウンセラーは発達障害とどのように向き合うか

最後に、私たちカウンセラーは「発達障害」をどう理解し、どう向き合っていこうとするのかについて、若干の考察を行なってみたいと思う。

今日では、発達心理学、臨床心理学、精神医学、教育学、脳科学、遺伝学など、さまざまな領域で発達障害の問題が研究されている。それはまるで、科学者たちがこぞって、二一世紀の壮大で集合的な人間理解の物語を構築しようとしているかのようだ。その物語の最も中心をなすのは、「人間には生まれもった変わらない性質がある」、「多数の人とは違う在り方で世界に住まう人がいる」という二つの考え方である。

一つ目の人間観は、その人となりを決めるのは遺伝か環境かという古来の議論の流れをくむ。二〇世紀前半のナチスのホロコースト以来、「生まれもった何かがその人を決定づける」という考えは、心理学や医学の領域でもタブー視され、わが国では自閉症について、戦後しばらくの時代には環境因論（母原説あるいは心因説）が唱えられ、その後一九七〇年代には反転して徹底した器質因論（言語認知障害説などの先天的な脳障害仮説）が主張されるという変遷を遂げてきた（田中、二〇〇九）。しかし、この問題は、近年の遺伝学や脳科学の進歩によって見いだされた「エピジェネティクス」というメカニズムによって解決がはかられつつある。すなわち、自閉症概念の拡大によって一九八〇年代以降に医学的診断体系に採り入れられた「発達障害」には複数の遺伝的要因が関与するが、それらの因子がいつどのように働くかは、後天的な環境要因からの影響によって変わる。生まれもった変わらないものはあるが、どのように発現するかは、環境とのかかわり具合によって、後天的に変化しうるという概念である。それは別の表現を用いれば、発達障害とは「個体」のみに帰属できる何かではなく、「関係」によって生成される何かであるということだ。

この「後天的」という意味が、周産期や乳幼児期までのことであるのか、それともその後の生涯にわたることと捉えられるのかについては、科学的に確認された見解は出ていない。しかし、私たちカウンセラーは、「生涯変わりうる（一生発達する）」存在として発達障害の学生とも向き合い、関係を結ぼうとする。そもそも、学生期まで生活年齢を重ねていれば、そうでない人々と同様に生育史のなかで培われてきた部分は大きい。これまでの自分をふりかえり、親子関係を見直し、自己を理解し、自分らしく社会で生きていくために何が必要かを共に見いだしていこうとする学生相談の営みは、たとえ「生得的な社会性の問題をもつ発達障害」という視点で学生を見たとしても不変である。発達障害支援の専門家による意見の趨勢としては、こういった内省を求める力動的心理療法や、受容と共感を重んじる来談者中心療法のようなかかわりは無効であり、中には「有害である」とさえ断じるむきもあるが、学生相談においては、そのような硬直した考え方こそ益のないものと言える。内省の求め方、共感の在り方を発達障害の人々に対して変化させる（つまり、心理療法の在り方を見直す）ことこそが必要なのであって、心理療法的かかわり自体が無意味なわけではない。

二つ目の人間観は、ある時代社会にとっての少数派の人々を、固有の文化をもった人間同士として等しく尊重し、共に生きようとする共生思想に結びつく。一九九〇年代以降、発達障害を自認する当事者の人々による内的世界の表現が次々と著書公刊されるようになり、私たちも少しずつそこに接近できるようになった。知的発達には遅れのないこれらの人々に共通するのは、生物学的な基盤の次元で、生まれつき情報刺激の取捨選択が難しく、一度に一つのことにしか注意が向けられなかったり、複雑な情緒的メッセージが読み取れず、そのために生きる上でのさまざまな見えない努力を重ねてきたという困難の自覚である。滝川（二〇一二）の表現を借りれば、これらの人々は成人期になっても、「体験世界の混沌性」「基本的信頼の弱さ」「対人スキルの未熟」「脱中心化の遅れ（相手の視点に立てない）」「衝動コントロールの不得手」という弱点を抱え、さらに、成長過程でこれらの弱点を知的にカバーしようとして「言語規範どおりの言語使用」「ルールの遵守」「一定パターンの保持」という方略をとってきたために、周囲との齟齬が増大するという二重の困難を抱えている。

脳科学、遺伝学など諸科学から見いだされている最新の知見（扁桃体などの、より生存にかかわる機能を司る脳の機能低下など）は、これらの人々の内省的報告と何ら矛盾しない。彼、彼女らは、本能的な次元で世界からの刺激に恐怖を抱きやすく、自分の身を守るためにさまざまな防衛を行なった結果、世界への独特の住まい方をするに至っていると考えられる。共生とは、そういった在り方で生きている人々に、敬意を払いつつ向き合い、寄り添うということである。

米田（二〇一二）は、これらの人々が生き延びていくうえで必要な方略には、それでもあえて「心」と呼ばれる何か（多数派にとっての他者との交流の様式）を探していくということと、そのような「心」を理解しようとするのをやめ、多数派の世界の流儀（他者と交流するときの、場面と対応のセット）を学んで社会と形式的に交流する技術を開発していくということの、二つがあると述べている。後者については、いわゆる「発達障害者には社会的スキルの訓練を」という考え方を指しているだろう。前者については、「狩猟採集生活を送る部族の中に人類学者が入り込み、大地の精霊の働きについて心の底から理解しようと苦闘するようなもの」とたとえられている。自分にだけ見えないものが、その場、その文化に居続けることによって、感得できるようになることもあり得るという意味である。

いずれの方法も、一方的に他者から要求されるべきではなく、他者との関係の中で選び取られていくものである。共生を志向する中で、むしろ前者のような努力は、カウンセラーが発達障害の人々の内面を理解するときにこそ、もっと行なわれるべきものであろうと思う。

そのような考え方に基づいて発達障害と向き合う専門家の中には、以下のような援助理論を構築している人もいる。

たとえば、精神科医で、乳幼児と母親の関係発達支援を長く行なってきた小林（二〇一〇）は、発達障害児はその生物学的次元での特質により、本能的な次元で外界に恐怖を抱きやすく、母親に甘えたいが同時に回避したくなるという「アンビバレンス」を有するという。そこで通常の発達で生じていくような母子一体感や基本的信頼が育まれず、たとえ言語を習得したとしても象徴的次元での交流は困難で、原初的コミュニケーションの次元にとどまり続ける。このような母子関係への支援として必要なのは、治療者がまず原初的次元で子どもと関係を結び、母親と橋渡しすることによって、アンビバレンスを緩和することである。その先にはじめて、安定した二者関係が成立し、子どもの主体性が育まれてくるという。「原初的」とは何かわかりにくいかもしれないが、より本能的、動物的な、言語以前の情動調律（からだごとの波長合わせ）によって成立するようなコミュニケーションのことである。この援助の方法は、乳幼児の対象に限らず、学生相談においても十分に適用しうる。たとえば前述した新入生の例のように、カウンセラーが言語以前の調律を通して信頼関係を築く段階を踏んでいくということである。

また、発達障害に対する新たな心理療法の可能性を模索する河合（二〇一一）は、発達障害の人々が、その生物学的次元での特質によりうまく生成できないままになっている「主体性」を、いかにして立ち上がらせることができるかを問うている。従来の心理療法やカウンセリングは、クライエントの既に在る「主体」を前提にしているため、そのままでは効を奏しないのは当然であり、治療者は自らの主体性を投入してこれらのクライエントにぶつかっていくことが必須であると説かれている。ここでは、発達障害の中核は「主体のなさ」であると断定するところから論が展開されているため、唐突な印象を受けるが、主張されていることは、先の小林の論と重なるところが非常に多いように筆者には思える。治療者が自分の主体をぶつけるとは、一方的に何かを押しつけることとは全く異なる。原初的な次元でクライエントと融合的なつながりをもつことに全力を賭け、そこに生まれた信頼できる二者関係を前提として、違う住まい方をする者として向き合ってみるという一連のプロセスを意味しているのである。

学生相談を行なうカウンセラーもまた、発達障害という視点をもって青年期や若い成人期の学生とかかわっていくとき、このような時代の大きな物語の中で生きていると言える。新たな視点をもつことで、何が変わり、何が変わらないのか、また何が見え、何が見えにくくなっているのか、常に自らに問い直してみる姿勢を失ってはならない。援助の技法の具体的な一つひとつを検討していくことも重要だが、それらは大きな物語から派生した要素として捉えてみることが必要である。

以下の章では、学生期の個々の局面で、また学生生活のさまざまなテーマの中で、私たちカウンセラーがどのようにこの大きな物語と向き合おうとしているかが、個々の事例の物語を通して描かれている。学生生活のサイクルに沿って並べられているが、各章は独立しているので、関心のあるところから自由に読み進めていただけたらと思う。

文献

独立行政法人国立特殊教育総合研究所　二〇〇五　発達障害のある学生支援ガイドブック――確かな学びと充実した生活をめざして　ジアース教育新社

独立行政法人国立特別支援教育総合研究所　二〇〇七　発達障害のある学生支援ケースブック――支援の実際とポイント　ジアース教育新社

独立行政法人日本学生支援機構編　二〇〇八　特集・発達障害　大学と学生、六〇号
独立行政法人日本学生支援機構　二〇一二a　平成23年度障害のある学生の修学支援に関する実態調査
独立行政法人日本学生支援機構　二〇一二b　教職員のための障害学生修学支援ガイド（平成23年度改訂版）
福田真也　一九九六　大学生の広汎性発達障害の疑いのある2症例　精神科治療学、一一巻二号　一三〇一―一三〇九頁
岩田淳子　二〇〇七　学生相談界の動向――発達障害学生の支援の研究　障害者問題研究、三五巻一号　五二―五七頁
葛西康子　二〇〇七　特別なニーズを持つ大学生への支援――教育的発達的観点から精神障害・発達障害学生の修学支援を考える　障害者問題研究、三五巻一号　一一―一八頁
河合俊雄編　二〇一〇　発達障害への心理療法的アプローチ　創元社
衣笠隆弘　二〇〇四　境界性パーソナリティ障害と発達障害：「重ね着症候群」について――治療的アプローチの違い　精神科治療学、一九巻六号　六九三―六九九頁
小林隆児　二〇一〇　関係からみた発達障碍　金剛出版
斎藤清二・西村優紀美・吉永崇史　二〇一〇　発達障害大学生支援への挑戦――ナラティブ・アプローチとナレッジ・マネジメント　金剛出版
高石恭子　二〇〇九　発達障害の大学生に対する修学・心理的援助の現状　伊藤良子・角野善宏・大山泰宏編　「発達障害」と心理臨床　創元社　三一五―三二三頁
滝川一廣　二〇一一　成人期の広汎性発達障害とは何か　青木省三・村上伸治責任編集　成人期の発達障害　中山書店　一七―二七頁
滝川一廣・小林隆児・杉山登志郎・青木省三編　二〇一一　特集　アスペルガー症候群のいま　そだちの科学、一七号
田中千穂子編著　二〇〇九　発達障碍の理解と対応――心理臨床の視点から　金子書房
山崎晃資　二〇一一　自閉症スペクトラム障害の学生相談の現状と課題　精神療法、三七巻二号　一四三―一四七頁
米田衆介　二〇一一　アスペルガーの人はなぜ生きづらいのか？　大人の発達障害を考える　講談社

第2章　入学期——信頼できる人間関係ができるまで

大倉　得史

はじめに

入学期の課題は、まず何と言っても、支援を必要としている学生を早期に見いだすことである。近年では特別支援教育を受けてきた学生やその保護者が、自ら支援を求めて大学に相談を持ち込むケースも出始めているが、支援が必要な学生の潜在的な数に比べれば、まだまだ少数に留まっている感は否めない。また、これまで本人に対して相応の支援を行なってきた高校側が、大学側と情報共有を図ろうとしたときに、どこに相談を持ち込めば良いか分からず戸惑うケースもあるようだ（太田・小谷、二〇〇九）。大学としては、パンフレットやホームページで、相談窓口、担当部署、可能な支援などについて明示しておく必要があるだろう。

ただし、いわゆるグレーゾーンの学生の場合、これまで特別な支援を受けずに本人の努力によって何とか切り抜けてきたケースや、うまくできないのは単に自分の能力や努力が不足しているせいだと思い込んでいるケースも多く、支援の必要性を本人が自覚していないことが多々ある。したがって、発達障害であるか否かにかかわらず、ちょっと困ったことがあったときに、それを身近な人に気軽に相談できるような人間関係のネットワークを大学全体で作り上げていくことが肝要である（大倉、二〇〇九）。筆者の経験では、学生のためのフリースペースを用意し、そこで担当職員が積極的に声をかけていくとか、学内研修会の場で、発達障害への理解を深めると同時に、グループに分かれて意見を出しあってもらうことで教職員間のコミュニケーションを図るといったことは、特に効果的であった。

本章では、「横田ハジメ」という男子学生の創作事例を前半部と後半部に分けて提示するが、前半部では特にそうした人間関係のネットワークの一つの在り方を描き出してみたい。舞台はある地方都市の私立大学。昨今の学生獲得競争の結果、修学に困難を抱えるさまざまなタイプの学生が入学してきているが、そうした学生へのフォローアップに力を入れていこうとしている中小規模の大学、という想定である。

事例1 「障害特性」では片付けられない

「以上、今日はこの講義の概要について説明しました。ところで、講義の内容とは直接関係ないんだけどね……」

四月、一般教養科目「心理学」の初回講義が終わりに近づいたところで、私は学生相談室の紹介を始めた。窓の外では春らしい柔らかな風に桜の花びらが舞い始めている。が、三〇〇人ほどの受講者が集まった講義室の中は、さすがに熱気でいっぱいだ。この授業は一回生の受講者が多い。大学に学生相談室という場所があって、いろいろ相談ができるなんて、知らない学生がほとんど。多くの新入生が受講するこの講義でチラシを配り、学生相談室の存在を宣伝するのが、心理学担当教員として室の主任を任されている私の仕事の一つだった。

ゲームや雑談などしながら自由に過ごせるフリースペースや、私の他に三名いる非常勤カウンセラーを、スライドを見せながらざっと紹介していく。「ふーん」という顔で見ている学生、「講義とは直接関係ないんだけど」の一言にそそくさと帰り支度を始める学生など、反応はさまざまだ。

「ま、こんなところがあるんで、良かったらのぞいてみてください」

　全ての話を終え、ふうっと一息つく。三〇〇人の前で話すのはやっぱり疲れるな、と思いつつ、パソコンを閉じたときだった。多くの学生が退室していこうとしている中、右端の最前列、ちょうど死角になっていた席で、一人の男子学生が座ったまま、何かブツブツとつぶやいている。下を向いて、机やノートに一生懸命何かを書きつけているようだ。ちょっと異様な雰囲気に思わず近寄って、「何書いているの？」と尋ねてみる。「机は落書き禁止なんだけど……」と言葉を続けようとしたとき、講義で解説した用語がいくつも書き込まれているのに気が付いた。ふとその学生が顔を上げて、じっとこちらを見つめてきた。ボサボサ頭に黒ぶち眼鏡。お世辞にも「フレッシュ」とは言えない。私の質問には直接答えず、「もう授業終わりですか？」と彼は言った。

「うん、一応、終わりだけど……。それにしても、ずいぶんたくさん書き込んだねえ」

「ああ……こうしないとコトバが逃げていくんですよ」

「コトバが逃げていく？」

「音の残像が残っている間にパッと捕まえておかないと、逃げていった後ではもう思い出せないですから」

　何だか独特の感性。単なるいたずら書きではなさそうだ。

「へえ。それでたくさん授業で出てきたコトバが書いてあるんだ」

「先生は早口でしょう。早口の講義だとこうなるんです」

　早口は、学生の授業評価で時々もらう苦情だ。注意してはいるのだが、話に熱が入るとつい舌が滑らかになってしまう。

「あ、早口すぎたか。時々言われるんだけど……」

「まあ、まだ滑舌がいいんでマシなんですけど。歴史学の先生なんて、下を向いてモゴモゴと、何言っているのか……」と真顔で続ける彼。

歴史学の先生と言えば、年配の前田先生。確かに少しこもったような話し方をする先生だけど、それにしてもこの学生、あっけらかんとした口調でズバズバと言う。

「ああ……。今度から僕も少し気をつけてみるね」とだけ返しておく。

「もう行かなきゃ」と彼。「そう、またね。あ、机に書いたのを消していってね」と言うと、おとなしく消して、教室を出ていった。膝をあまり曲げずに歩く特徴的な後ろ姿が印象的だった。

二週間後のある日。午前中の面談を終え、一息ついていると、受付の方から「大倉先生いますか?」という声が聞こえた。行ってみると、先日の彼だった。フリースペースを利用しに来たらしい。窓際の席に案内し、三〇分くらいおしゃべりすることにした。

彼の名前は横田ハジメ。二〇歳。この春、社会学部に入学してきた。中学校時代、学校になじめずひきこもり状態になって、保健室登校で何とか卒業。一旦は高校に進んだものの、やっぱりなじめずに一年で中退。二年間自宅で過ごした後、地元の印刷会社に就職したが、うつ状態になって半年で離職。一年間自宅で静養しつつ、高認(高等学校卒業程度認定試験)の勉強をして、昨年何とか合格。「これまでの遅れを取り戻す覚悟で」、この大学に入学してきたのだという。

昔から先生の話を聴くだけの授業というのがどうにも苦手で、小学生のころはしばしば校庭に出て「気分転換」をしていたそうだ。小学校はそういった自由を認めてもらっていたので、とても居心地が良かったという。中学生のころ、聴いたコトバを逃げないように書きつけていくという「技」を身に付けたものの、やはりしんどくて学校に行けなくなってしまったらしい。ただ、日常会話は「話半分に聞いておけば何とかなるし、必要なことを聞き直せる」ので、問題ないとのこと。

中学校時代、精神科で薬をもらったり、カウンセリングを受けたりしたこともあるという。はっきりした診断名は聞いていないが、今も月に一回くらい、抗うつ剤をもらうために通院しているとのこと。「一日中コトバを逃がさないように頭を働かせているので、もう、大学が終わるとフラフラですよ……」と、本当に辛そうにこぼす。ちょうど外国語のヒアリングのように、先生が口にした一言一句を全て聴き取ろうとしているのだろうか、それはしんどいな、と思って聴いている。

ところが、「こちらが一生懸命聴いているのに、経営学の八島という先生、脱線ばかりするんですよ。今は就職難だからしっかり勉強しなきゃいけないとか、寝てる奴を注意して、単位を落とすぞとか。あとは、いろいろな愚痴とか雑談。もうそんなことはいいから、ちゃんと教科書に沿って授業を進めてくれっていうの。俺、頭悪いし、人より遅れてるし、そんな話聞いている暇ないんですよ」

なるほど、彼の言うこともわかる気がする。考えるより先に口が動くというのだろうか、ジョークや雑談を交えつつ調子よくしゃべる八島先生の赤ら顔——面白い人なのだが——を思い起こしながら、彼の悲壮な覚悟とは合わないスタイルの授業かもと、感じていた。

一通り話を聴いた上で、「ちょっと大変そうだね。来週以降も、こんな感じで話しに来てみる?」と誘うと、彼は素直にうなずいた。

こうして彼との週一回の面談が始まった。話はだいたい授業のしんどさと、教員の授業の進め方に対する不平不満。私の方から、全部のコトバを書き取ろうとせずに重要な語句だけにしたらどうかとか、あまりにしんどいときには休んでも良いのではないかとか提案してみても、「それだと単位を取れない」「俺はバカだから全部の話を聴かないと」「一回でも休んだら怠け癖が出る」と頑なだった。

そうした話の合間に、小さいころはともかく多動だったこと、時々友達とけんかした昔の場面がよみがえってきて手が震え出すこと、英語は単語の区切りがわからなくなるので大の苦手であることなど、独特のエピソードが交じる。発達障害かな、と思った。

あの先生は小言が多い、脱線が過ぎる、授業の中身がくだらないといった不満は日に日に強まっていった。当たらずとも遠からずという指摘に、「まあ、個性的な先生が多いからねえ」とはぐらかしながら、ともかく彼の鬱憤を吐き出す場になれば、という思いで聴いていった。

数週間後のある日、経営学の八島先生からメールが入った。授業中に奇声を発したり、無礼な発言をしてくる学生がいる。名前は横田ハジメ。注意をすると、さらに刃向ってくる。本人に聞くと大倉先生のカウンセリングを受けているとのこと。他の学生もいる中で授業妨害になっているので、本人に厳重注意してほしい。そんな内容だった。

次の面談日、彼に「この前の授業で八島先生に何か言った？」と尋ねると、「ああ、もう腹が立ったんで、『自慢話は飲み屋でやれ』って言ってやったんですよ」と平然と答えた。

「えっ、授業中に？」驚いて聞き返す。

「そうです。株で儲けた金で何を買ったとか、授業と関係ない自慢話を散々しておいて、残り一〇分になってから大慌てで板書をして説明しだしたんですよ。自慢話している時間があるなら、もっと早く板書して、ゆっくりと説明しろっていうの」

「あれ、ちょっと待って。それが横田君の要望なのだとしたら、『自慢話は飲み屋でやれ』という言い方では伝わらないよね。そんな感情的な言い方したら、先生の方だってムッとするでしょう」

「まったく、息子くらいの年齢の奴に感情的になるくらいなら、大学教員なんてやめちまえっていうの」彼は吐き捨てるように言った。


横田ハジメにはちょっとやそっとでは聞く耳をもってもらえそうになかったので、面談後、私は八島先生の研究室を訪れることにした。「コトバが逃げていく」という彼の知覚的特徴を伝え、できる限りゆっくりと話をしてあげてほしいこと、レジュメなどを事前に配布すると効果的かもしれないことなどを伝えた。

「なるほど、そんなこともあるんだねえ……。もちろん、レジュメなんかは用意してもいいんだけど、ただ、彼ばかりに合わせて授業をするというわけにもねえ……」

八島先生がそう言うのも、もっともなことだった。第一、冗談や雑談をテンポよく織り交ぜながら、予想もつかない方向に脱線していく八島先生の話し方は、ある意味この人の「味」でもある。学生のあいだでは面白いと評判の授業だ。そんな先生に、「レジュメと教科書に沿って話をしてください」と言うことは、何だか気がひけた。

「そうですね。あくまで先生にとって支障のない範囲で構いませんので……。ともかく、彼が感情的になって暴言を吐いたりしても、先生の方ではなるべく冷静に、『授業中にそういうことをすると迷惑だよ』と伝えてあげてください」そう言っておくしかなかった。

八島先生を皮切りに、それから私のところへ次々と苦情が舞い込んでくるようになった。「授業中、うなり声をあげる学生がいる」「一番前の席で大きなため息ばかりつくので話しにくくて仕方がない」「授業で日本の過去の侵略行為の話をすると、頭を机にガンガン打ちつける」などなど、横田ハジメの「迷惑行為」に関するものばかりだった。

ところが、横田ハジメ本人は「迷惑行為」をしたということを、決して認めようとしなかった。教員や本人の話を総合すると、話が聴き取りにくい授業、本人の苦手な作業（外国語の音読や感想文など）を課される授業、話の内容が本人の思想的枠組みに抵触する授業などで思わず出てしまう行為のようで、本人にもあまり自覚がないらしい。少なくともやめようと思ってやめられる類のものではなさそうだった。

「何とかしてくれないと、授業にならない」という先生方からの声と、「誰にも迷惑をかけてない。もう放っておいてほしい」と繰り返すばかりの彼とのあいだで、板挟みになってしまった。先生方には八島先生と同様、彼の特徴を伝え、配慮をお願いして回った。何人かの先生は「授業に出なくても、課題をやってきてくれればいいよ」とも言ってくれたのだが、そのことを彼に伝えると「それじゃだめなんです。授業に出ないと」と承知しない。単位は授業に全て出席しないと取れないもの、と思っているのだろうか。「しんどい、しんどい」と言いつつ、頑なに出席だけは続けようとする彼に、私の方から「授業に出るな」とも言えず、問題解決の糸口はなかなか見えなかった。

事例の理解

支援の必要性が顕在化する前から積極的に学生とコミュニケーションをとることで、いざ問題が起こってきたときの支援体制・連携体制をとりやすくなることがある。この事例では、授業での声かけや、フリースペース利用などを通じて自然と「私」と横田ハジメとのつながりができており、彼の「迷惑行為」の意味も何となく想像できたし（うなり声も頭を打ちつけるのも、処理しきれない情報を無理やり頭に「ねじ込もう」とする結果ではないか）、教員から苦情が持ち込まれたときに、いち早く動き出すこともできた。もちろん、その前提として、他の教員たちと「私」とのあいだに、気軽に情報交換できるような関係ができており、お互いの仕事や人柄についてある程度の理解があったということがある。

この事例では、あいにく徐々に問題が大きくなっていったわけだが、実は、普段から学生とコミュニケーションをとっていくことで、そうなる前に未然に対処できる場合も多い。問題がこじれ、周囲の人への不信感が募ってから学生相談室などに持ち込まれるケースの困難さを考えると、問題が顕在化するのを「待つ」ばかりでなく、いろいろな立場の教職員が積極的に学生に「働きかけ」（窪田他、二〇〇一）、支援の可能性をそれとなく「探っていく」ことも必要ではないだろうか。

ただ、この事例の場合、本当に難しかったのは彼が「支援の網」に乗ってからである。一体、どんな支援をしていったら良いのか。確かに、発達障害では選択的注意の障害（杉山、二〇〇〇）や音声情報処理の困難（Williams, 1998）があることが多いことは以前から指摘されており、それゆえその「障害特性」に配慮して、あらかじめその日の講義の流れとポイントを明示すること、詳しいレジュメを配ること、口頭での説明と板書とを分けること、録音を認めること、単位取得のための代替措置を講じることなど、いくつかの指針が提示されてきた（福田、二〇一〇）。学生の知覚特性を理解し、可能な限りの配慮をすることは、もちろん大切なことである。ただし、発達障害（とその傾向をもつ）学生への支援では、そのような「障害特性」の把握とそれへの配慮をすることは、もちろん大切なことである。

この事例の難しさは、彼がそうした配慮を受け入れず、「しんどい、しんどい」と繰り返しつつも、あくまでも出席し続けようとする点にある。一部にはそうした彼の姿をも、発達障害特有の「こだわり」とみなす向きもあるのかもしれないが、少なくとも筆者には、それは「これまでの遅れ」を取り戻そうとする彼の必死の頑張り、ないしは意地として、それ自体は大いに共感し得るもののように思える。もしそれを「こだわり」と捉えるならば、自分の授業スタイルを変えようとしないのは八島先生の「こだわり」に過ぎないということにもなろう。

カウンセラーの対応

それは「こだわり」ではなく、その人なりの「思い」と捉えるべきものなのではないか。人は誰でも少しずつ違った「感じ方」をもっている。世間一般の人の「感じ方」と違いの大きい「感じ方」を有する一群の人たちが、今日では一応「発達障害」と呼ばれているわけだが、けれど、与えられた「感じ方」に基づいて、その人なりのさまざまな喜怒哀楽、さまざまな「思い」を働かせる点では、人間は誰でも同じなのではないか。ちょっとした「感じ方」の違いが「思い」のずれを生み、人間関係を難しくすることがあるというのは、別に相手が「発達障害」であるか否かにかかわらず誰でも同じこと。そのときに鍵になるのは、まず何よりも、お互いの「感じ方」の違いを踏まえて、もし自分が相手と同じような「感じ方」をしたならば、どう「思う」だろうかと想像してみることだろう。そんなふうにしてまずは相手の「感じ方」や「思い」を受け止めることに心を砕き、その上で両者の「感じ方」や「思い」の接点を粘り強く探っていくところ（鯨岡、二〇〇九）に、こじれた人間関係を修復する糸口はきっと見えてくるはずだ――「私」の念頭にあったのは、そういった考えであった。

「障害特性」を抱えた学生に対して、「定型発達者」であるこちら側が配慮するという枠組みを越え、むしろ「私（教職員）」と「あなた（学生）」の「思い」のすれ違いという「人間関係」の問題として事態を捉えていく必要はないだろうか。私見では、そこにこそ、発達障害（とその傾向をもつ）学生に対する支援の本当の難しさと、より具体的なかかわりの指針が浮かび上がってくるように思う。

事例2　信用してません

結局、春学期は問題がきちんと解決されないままに終わった。定期試験だけは意外なほどおとなしく受け、ほとんどの授業で単位が出ることとなったのだが、秋学期が始まると、すぐに何人かの教員たちから苦情が出始めた。八島先生からも「まただよ……」という困惑が寄せられた。あれほど相性が合わなかった八島先生の授業を、彼は後期も履修したのだ。私や八島先生から見れば不可解の一言だったが、彼曰く「経営学は将来のために役に立つので」ということらしかった。

その一方で、彼の状態が前期以上に悪い。ハァーと深いため息をついて、「やだー、やだー」を繰り返すばかり。ついに後期が始まってしまった、また苦しい授業の毎日が続くのかといった暗澹たる気分がありありと伝わってきた。「春に単位が取れたことで、秋は少し余裕をもって臨めるかも」という私の期待は、見事に外れてしまった。

これまでの遅れを取り戻すために必要な科目をしっかり勉強したい、そのために何としても授業に出続けるんだという彼の気持ち、そしてそれが彼にとって過酷なことだということもわかる。一方、彼一人のために授業自体が成り立たなくなっている、いい加減どうにかしてほしいという先生たちのいら立ちもわかる。一体どうしたら良いのか。

ただただ両者をなだめていくしかないという苦しい対応を私が続けている間に、ついに問題が教務委員長の耳に入った。彼が履修している科目の教員たちが集まり、緊急会議が開かれることになったのだ。

席上、「迷惑行為」への悲鳴とも非難ともつかない発言が相次ぐ中、私は彼が相当に追い込まれた精神状態にあることを報告した。一部の教員からは、そんな学生は受講停止にすべきだ、との声も挙がったが、私は、断定はできないがもし発達障害ならば、と断った上で、発達障害者支援法で「適切な教育上の配慮」が義務付けられている、と話した。出口が見えず、その場を沈黙が支配しかけたときだった。

「彼だけ別枠で個別指導をしてみたらどうだろう。教員として負担は増えるが、授業環境の保持と彼の受講権利を両立させるには、それしかないんじゃないか」と言ってくれた先生があった。

八島先生だった。なるほど、大勢の学生がいる講義室で、教員の話に彼が必死に集中するのではなく、教員がマンツーマンで彼のペースに合わせて教えるという形。直感的に「それならうまくいくかも」と思った。そう思ったのは私だけではなかったようで、他に二人の先生がその「特別配慮」に前向きな姿勢を示してくれた。もちろん、「そこまでは……」と一コマ分の負担増に難色を示す先生も多かった。けれど、八島先生の一言が契機となり、「彼を出席禁止にするか否かは担当者の判断とする。ただし、出席禁止にする場合は単位取得の道を残すよう、個別指導なりレポートなり、然るべき代替措置を講じること」が決定された。そして、そうした決定を彼に伝える役目が、私に一任された。

緊急会議での決定は、事態の打開に向けて大きな前進だと思った。だが、いざその決定を彼に伝える段になってみると「そう簡単ではないぞ」と思い出した。だって、彼は前期も「授業に出なくても課題だけやってくれればいい」という教員からの提案を拒み、頑なに出席し続けたではないか……。保護者にも入ってもらった方がいいな、と思った。しぶる彼を何とか説得し、親子での三者面談にこぎつけた。

当日現れたのは、細身でこざっぱりとした感じの母親だった。家での様子を聞くと、授業がしんどくて、家でもグッタリしているとのこと。ただし、「少し休めば?」と言ってみてもやはり聞かないらしい。

「でも、昔から不登校だったので、こんなに頑張ってるのは初めてかもしれない」と、彼のことを見つめながら、母親が言う。彼の生育史に自然と話が及ぶ。小さいころから落ち着きがなく、親としてとても大変だったこと。友達とトラブルになって、学校や相手の親御さんに頭を下げて回ることがたびたびあったこと。はじめは抵抗のあった精神科だが、何か見通しが得られればという思いから、思い切って連れて行ったこと。自分でもいろいろな本を読んで勉強したこと。

「まあ、AD/HDなのかアスペルガーなのかわかりませんけど……」母親がふと口にした。

「ああ、そういうのご存じなんですね」

「ええ、そんな可能性もあるかもしれないって。でも、診断がついても、だからといって解決するってものでもないし……」

全く同感。とりあえず目下の問題は、彼の授業をどうするかということ。母親に講義中の彼の様子と、先日の緊急会議に至った経緯、そしてそこでの決定を伝えた。母親はある程度予想はしていたという顔で聞いていたが、最後、単位取得のための代替措置が用意されることを伝えると、ほっとした様子で、「ありがとうございます。大学と争わなきゃいけないのかと思って来たのに、そこまでしてもらえるなんて……」と言った。そして、「そんなの嫌だ。授業に出る」とごねる彼に対して、「あんた、そんなわがまま言わんの」とあっさりと言い放つ。「わがまま」という言葉は自分には使えないな、と妙に感心しつつ様子を見守っていたが、その一言は彼にも響くところがあったようだ。そこから、意外なほど素直に決定を受け入れたのである。

ところが、話はそれで終わらなかった。次の週、各教員から出された代替措置を彼に提示すると、再び「そんなの嫌だ。だったら授業に出る」と言い出したのである。その反応に面喰らいつつ、説得に出る。

「先週、代替措置での単位取得を目指すという結論になったよね」

「だから親を呼ぶのは嫌だったんだ。もう放っておいてくれよ」半分泣きべそをかきながらこぼす彼。

「そこまで出席にこだわる理由ってあるの？」

「単位が取れないからです」

「代替案の課題をちゃんとやれば取れるって」

「信用してません」

「え、信用していないってことなの？」ちょっとびっくりする。

「ちゃんと先生方の会議で決まったことなんだよ？」

「……」

「うーん、困った。まだ出席するって言うのだったら、もう一度、三者面談をする必要が出てきちゃうなあ……」そう言ったときだった。

「もう放っておけばいいだろっ」ついに彼が声を荒げ、そして泣き出した。

「もう、こんな話ばかりでつらいよ……」

「うん、つらいのはわかるんだけど……」言ってから、取って付けたような一言だったと気づくが、もう遅い。

「どの口が言ってるんだよ！」

「うん」

「『うん』じゃねえ！」

「横田君にとってつらい話になってるけど、でもこれは避けて通れないと思う」ここでは引けない。必死で頑張る。

「ウー……」うなりだす彼。頭を抱え、手足を震わせている。必死で怒りをこらえている？　両者沈黙の重たい時間……。しばらくして、「授業行きます」と言って、彼はフラフラと部屋を出て行った。

彼との関係を悪化させてしまうような、まずい面談をした。直後に、どうしてこうなってしまったかを考えていた。すぐに、自分がいつの間にかカウンセラーとしてではなく、教員サイドに立って、彼に代替措置を呑むよう迫っていたことに気付いた。彼に出席を禁じ、代替措置を示すのは、自分ではなく、それぞれの先生にやってもらおう。

まず向かったのは八島先生の研究室だった。個別指導の件について改めてお礼を言い、にもかかわらず彼が納得しないという状況を伝える。そして、ルールに基づいて出席禁止を告げるのは、学生に寄り添う立場にある自分ではなく、やはり教員の方が良いと思う、と説明する。

「なるほど。しかし、どういうふうに言ったもんかねえ……」八島先生が当然の戸惑いを口にする。

これについては私にも考えがあった。書面で、彼の「迷惑行為」を具体的に列挙し、出席禁止理由を明確にする。さらに、個別指導なりレポートなりの代替措置を示し、どのような条件を満たせば単位が認定されるのかを明記する。授業のときにそれを手渡してもらったら、彼も少しは見通しがもてるかもしれない。用意しておいた雛形を見せながら、そんな提案をしてみると、八島先生もそれくらいならできると言ってくれた。それでも彼が先生に噛みついたら、という一抹の不安はあったが、ともかくやるだけやってみようということになった。

幸いこの方法が功を奏した。次の面談日、彼は憮然とした表情で「こんなものもらいました」と八島先生から受け取った書面を見せてきた。

「へえ、個別指導以外では単位は出せないって書いてある。どうする?」困った問題について一緒に話し合う、という雰囲気で尋ねる。

「しょうがないでしょう。いつ行けばいいんですかね?」と彼。

うまく通じたと思った。そして、すぐに八島先生に内線電話をかけ、彼と個別指導の時間帯を相談してもらった。

このようにして、いくつかの科目について代替措置での受講がようやく始まることとなった。すると、事態は目に見えて好転していった。まず、個別指導は思った通り彼自身にとっても良かったようだ。八島先生もゆっくりと彼のペースに合わせて話す、彼も持ち前の真面目さを発揮してわからないところを尋ねる、という理想的な形ができたのである。彼から聞く八島先生の人物評、八島先生から聞く彼の人物評も、日に日に良くなっていった。また、個別指導に難色を示した先生方も、レポートや「何曜日の何限にフリースペースでこの問題を解くこと」といった課題を示してくれた。さらに、出席禁止にならなかった授業でも、彼の「迷惑行為」は減ったようだ。彼自身に精神的ゆとりが生まれたからだろうか、それとも先生方が何らかの配慮をしてくれたからだろうか。私に苦情や相談が持ち込まれることもなくなった。

そして、私との週一回の面談も、「迷惑行為」を話し合うものではなくなり、彼の好きなインターネット世界などのことを雑談風に話すものになった。時折、何だか二人とも話すことがなくなってしまったような、軽い空虚感にも似た沈黙が流れることもあった。

そのまま後期の定期試験も無事に終わり、年度最後の面談日。私と彼がフリースペースのパーテーションで区切られた一角で面談をしていると、その上からニコニコと覗き込む顔がある。増川ミドリ。良く言えば無邪気で天真爛漫、悪く言えばKY（空気読めない）の、ちょっと変わった女子学生だ。彼女もフリースペースの常連である。

「増川さん、今面談してるから」と言いかけたとき、横田ハジメが「やあ」と笑顔で彼女に挨拶した。あれ、この二人、いつの間にか知り合いになっていたのか。ちょっと意外に思っていると、彼は続けて彼女に言った。

「こっち来る？」

クライエントが招き入れたものを「今は面談中だからだめです」と制止するわけにもいかない。そのまま何となく三人での雑談になる。すると、二人は今流行のファンタジー映画「魔法のゴンドラ」の話で盛り上がり始めた。横田ハジメはすでに観たらしく、増川ミドリに物語の粗筋を話している。抑揚をつけて、なかなか巧みな描写だ。増川ミドリも、「キャー」「エー？」などと大げさに驚きながら聴き入っている。そんな彼女の反応に、横田ハジメも触発されたのか、さらに情感を込めて物語のクライマックスに入っていく。

「最後どうなったと思う？　フフフ、魔法のゴンドラがね……ワーッて！」手振りを交えて大どんでん返しの結末を語る。

「エー！」と増川ミドリ。

こんなに生き生きとした彼の表情を見るのは初めてだった。受講をめぐる「問題」ばかりに気が向いて、彼とはついぞこういった話をしてこなかったな、そんな思いが頭をよぎった。自分は彼に寄り添っているつもりでいたけれど、本当のところ、彼の体験世界にどこまで近づけていたのだろう。そんなことを考えていると、彼がふとこちらを見て言った。

「先生、先生もぜひ観てくださいね」

目を輝かせて微笑む彼に、ちょっとだけ救われた気がした。

事例の理解

代替措置ではなく、きちんと出席し続けてみんなと同じやり方で単位を取得したいという彼の「思い」。授業環境を保持したいという教員の「思い」。何とか代替案を呑んでほしいという「私」の「思い」」。発達障害者支援の問題を、「思い」と「思い」がすれ違ってしまった「人間関係」の問題として捉え直すとき、支援に当たる者は必ず「それぞれの思い全てがわかる」といった矛盾した心模様を体験せざるを得ない。そこで大事なのは、性急にその矛盾に収まりをつけようと拙速な行動に出ることなく、まずはしっかりとその矛盾を抱え、お互いの「思い」を何とか折り合わせていこうと粘り強く誘いかけていくことだと思う。

横田ハジメと教員たちとの板挟みになって、「両者をなだめていく」という「苦しい対応」を続けている「私」は、確かに有効な解決策を何もとれていない。けれど、そんな「私」の存在にも一定の意味があったのだとすれば、それは両者の「思い」を聴き取り、双方に相手の「思い」を伝えていったということだろう。八島先生が、かなり負担となる代替措置を自ら示してくれたのも、きちんと受講して単位を取りたいという横田ハジメの「思い」を理解してくれたからに違いない。

一方、横田ハジメの方は頑としてそれを聞き入れない。素朴に見れば、単なる「わがまま」であり、発達障害特有の「こだわり」なのかもしれないが、そうした断定的な言い方で「そんなわがまま言わんの」と諭すことができるのは、彼とのあいだによほどの信頼関係がある場合のみだろう（母親のように）。

「私」とのあいだには、まだ十分な信頼関係ができていなかったせいか、いつの間にか「代替案を呑みなさい」という姿勢を強めていた「私」に対して、彼は頑として抵抗してくる。実際、彼ははっきりと「信用してません」と言ったのである。代替案だとかうまいこと言って、大学は自分を出席禁止にしてそれで終わりではないのか。このカウンセラーは、それで単位が取れるからなどと説得してくるけれど、本当は教員たちがどう考えているかなんてわかるものか。それが彼の「思い」だったのかもしれない。

カウンセラーの対応

彼の「感じ方」の世界の中では、自分が教員の代弁をするという形では不確かな感じが拭えないのではないか。二人で協力して困難な状況への対処を考えているという構図すら、まだあやふやなものなのではないか。そんなことを直感的に感じ取った「私」は、教員から直接書面にて代替措置を伝えてもらうことにする。そして、幸いそれが功を奏したわけである。なぜだろうか。

書面による視覚的提示や、教員とカウンセラーの役割を明確に分化させたこと、想像力を要する「話し合い」より直接的に代替措置が「実行」されたことが、彼にとってわかりやすかったという要因も確かにあるのかもしれない。しかし、それはあくまで結果論であって、現場での「私」は、むしろ彼の「感じ方」や「思い」にハッとさせられ、もう一度彼に寄り添っていくためにはどうしたら良いかということばかりを考えていた。代弁者からよりは教員から直接言われた方が、また口頭での約束よりは書面での約束の方が「確かさ」が増すだろうというのは、そうしたところから自然と出てきた発想だった。また、彼も「私」とのいろいろな「思い」の交換（時に「ぶつかり合い」）を経てきたからこそ、ようやく代替措置を受け入れたという面があるのだろう。だから、今回のような方法がいつも必ずうまくいくわけではないと思う。彼の「感じ方」や「思い」への洞察、人間関係の深化を欠いたところで、いくら視覚的提示などの手法を用いてみても、彼は教員たちに噛みついただけではないだろうか。

支援のポイント

学生の「感じ方」や「思い」に想像を広げ、そこに寄り添おうとすること。教職員側の「思い」と、学生のそれとをどちらも大事にしながら、必ず体験せざるを得ない矛盾を抱え、粘り強く両者の折り合いをつけていくこと。そうした人間関係へのスタンスが発達障害のある学生への支援の核とならねばならないというのが、本章の主張である。本事例は中小規模の大学という設定だったが、大規模校においても講座単位や身近な教職員同士で連携をとりながら、学生とそのような人間関係を営んでいくことが重要だろう。

発達障害の有無にかかわらず、入学期には、学生はさまざまな不安を抱えている。高校までに比べると、大学の人間関係がどこか希薄に感じられる場合も多いようだ。そうしたときに気軽に声をかけてもらえたり、話を聴いてもらえたりする場があることが、どれほど大きな支えとなるかは言をまたない。機会を見つけて積極的に学生とコミュニケーションをとっていく中で、支援を必要としている学生との関係が自然とより深いものになってくる、というのが理想である。

「障害特性」に配慮すれば問題が解決されるというのは幻想だろう。むしろ人と人とが関係をもち、共に生活していく場なのだから、いろいろな問題が起きて当然である。お互いの気持ちを大事にしながら、その問題一つひとつに向き合っていかねばならない。大変なことかもしれないが、むしろそうした問題を少しずつ潜り抜けることでこそ、「私（教職員）」と「あなた（学生）」のあいだに本当の意味での信頼関係が芽生えてくるのではなかろうか。事例の最後、自らのかかわりを反省していた「私」が少し「救われた気がした」のは、大変だった一年間を通して、彼が多少なりとも「私」に信頼を向けてくれるようになっていたということを、何となく感じ取ったからなのだと思う。

文献

福田真也　二〇一〇　大学生のアスペルガー症候群　明石書店
窪田由紀・河北美輝子・松尾温夫・荒木史代　二〇〇一　キャンパス・トータル・サポート・プログラムの展開に向けて　学生相談研究、二二巻三号　二二七―二三八頁
鯨岡峻編　二〇〇九　障害児保育　ミネルヴァ書房
大倉得史　二〇〇九　大学における発達障害者支援を考える　中川書店
太田正巳・小谷裕美編　二〇〇九　大学・高校のＬＤ／ＡＤＨＤ・高機能自閉症の支援のためのヒント集　黎明書房
杉山登志郎　二〇〇〇　発達障害の豊かな世界　日本評論社
Williams, D.　1998　Autism and Sensing: The Unlost Instinct.（川手鷹彦訳　二〇〇九　自閉症という体験――失われた感覚を持つ人びと　誠信書房）

第3章　アルバイトと課外活動——大学の外の社会、大学の中の社会

佐々木　玲仁

はじめに

本章では、アルバイトと課外活動に関する問題について考えていくことが主題となっている。アルバイトや課外活動（サークル活動や部活動、以下「サークル」）は、多くの大学生にとっては大学生活を生き生きと過ごすための彩りを添える場所であり、場合によっては教育や研究などのいわゆる「本業」よりも拠り所になることもある活動である。大学に入学して新しい生活が落ち着いたころに、あるいは、新しい生活が落ち着くよりももっと先に、新入生たちはアルバイトやサークルに参加していく。

アルバイトという場面を通しては、大学生は大学の外の社会と触れることになる。直接触れるのは、雇い主であり、上司であり、また同じアルバイトをする大学生である。また、販売業などの対人接触を伴う職種であれば、「お客さん」とのやりとりも行なわれる。大学生がアルバイトをする一番の大きな目的は金銭的なものだろうが、これを契機に、大学生はいずれ自身が参入していく世界を体験するのである。実際にはその世界に大学生という身分をもって一時的に参加することと、そのフルメンバーとして参入していくことは全く異なる体験ではあるのだが、それでもその一端を実際に経験することは、学

生の体験の幅を広げていくことには変わりない。

　課外活動では、大学生は大学内部や大学間にまたがる社会の中を生きることになる。活動の内容は多様であり、その中の人間関係のありようもさまざまだが、いずれにしてもそこへの参加の自由度は高校までの部活動と比べてずいぶんと高くなっている。人間関係の濃淡、先輩後輩の関係の強弱、さまざまなローカルルールによって明暗こもごもの側面はあるにしても、サークル体験はそこでしか得られないものをもたらしてくれる。

　このような「光」の側面をもつ大学内外の二つの「社会」への参入は、しかし、対人関係や臨機応変に行動することに難しさを抱える、いわゆる発達障害（とその傾向をもつ）学生にとっては大きなつまずきの機会ともなってくる。人間関係の在り方が複雑で、対処する方法も多様なこれらの活動は、ある一定の対処法で人間関係をこなしてきた学生にとって、講義のようにある程度高校までの授業の応用として対処できることよりも、困難な状況に陥る機会が多くなると考えられるのである。しかし、これらの体験は単につまずきの機会であるわけではない。それが回復困難なダメージをもたらすほど大きなものでなければではあるが、もしそのつまずきをきちんとした見守りの元で扱うことができれば、この場を使って失敗による成長の機会にすることができると考えられる。相談の場でこうした失敗が話題に上がってきたときは、回避や解決を考えるよりも、その失敗の意味を受け止めることに目を向けた方が、得られるものは大きいと言える。

　本章で扱うのは、アルバイトやサークル活動に関連した問題を抱えて相談室を訪れた学生である。彼らは発達障害という診断を受けて相談室を訪れたわけではないが、その社会性やコミュニケーションの在り方から、単にコミュニケーションが苦手だというレベルではなく、いわゆる発達障害としての問題を抱えていると想定された。

学生相談の現場では、「発達障害」という概念は有効に機能し、見立てや対応を考えるに当たって大きな手がかりを与えてくれる。しかし、現在のようにこの概念が世の中に定着し、その有効性があまり疑われない状況になっているときにはむしろ、どうやったらその概念に寄り掛からずに目の前の学生を理解しその個々人に合った対応ができるかを考えることが有効な支援を行なうに当たって重要になってくる。また、その対応にしても、発達障害が疑われた学生に対して、即「社会的スキルの訓練」や「その行動が他の人から見たらどう見ているかの説明」、「直接的な自己理解の促進」というアプローチをとるべしというふうに直結するならば、本来可能な対応の幅を大きく狭めてしまうことになりかねない。

以下の二事例は、上記のような発想の下、いわゆる発達障害(とその傾向をもつ)学生に対してどれだけ硬直化した「発達障害への対応」を行なわずに、より個別性に即した対応ができるかを検討したものである。

事例1　アルバイトへの着地

真夏の午後、外の猛烈な暑さを感じさせない冷房の効いた室内から見る窓の外の木立の陰の濃さが、強い日差しをより際立たせている。風が吹いているのか、枝が少しだけ揺れている。

いつもの面接時間、沢野君が相談室にやってきた。法学部の一年生で、もう面接の回数も一〇回を超えている。いつものように、「こんにちは」という挨拶をすることなく、上目遣いですこし笑みを浮かべただけで、じっとそこに立っている。私がいつものように、「こんにちは」と声をかけると、彼はそれに応えることなく、私がついてきているかどうかも確認せずにずんずんと歩いていき、いつもの面接室に入ってどっかと椅子に腰掛ける。

「先生今日も先週と同じシャツやね。いつも同じような格好しているな」

沢野君はいつもの早口でそう言った。的外れではなく、だからこそあまり発されることのない言葉を聞いて全くむっとしないわけではないが、そういう話し方を聞いていると、むしろ随分とこの相談室にも慣れたものだなあ、ということの方が強く感じられる。私が苦笑しながら言葉を返さないでいると、構わずに彼は話を続けた。

「夏休みにアルバイトするからね、ここに来てる暇が無くなりそうやね。授業ないのに来るのは交通費も無駄にかかるしね」

「無駄にかかる、か。そうやね」

沢野君が相談室にやってきたのは、まだ春先、入学式からそれほど時間が経っていないころのことだ。本校舎からは少し離れたところにある学生相談室にも、新学期特有の慌ただしさの気配が感じられる時期だった。ちょっとどんなところかを見に来ました、という様子の3人組の女子学生が相談室の見学を終えて窓口に声をかけに来たのに割って入るようにして、切羽詰まった様子の男子学生が私に声をかけてきた。

「しんどいねんけど……」

外は曇りでさほど暑くもない日だが、じっとりと汗をかいている。背が高くやせていて、髪は短めにそろえてあるが、整えられているというのでもない。歩いているときの手足の動きがどことなくぎこちなく感じられた。体調が悪いのであれば保健室にも行けるということを伝えると、彼は首を横に振り、ただ休めればいいという。

「それじゃあ、こっちはサロン室になってるから、自由に使っていいし」

という私の言葉を最後まで聞くことなく、その男子学生は早足で部屋に入っていき、持参のペットボトルから水をごくごくと飲んだ。新年度の始め、うまく周囲に溶け込めない学生がこうやって休めるところを求めてやってくるのは珍しくはない。

その日は午前中に新入生ガイダンスで学生相談室の案内が行なわれていたせいか、次々と学生が訪ねてきた。多くは数人のグループで、興味深げに、しかし少し恐る恐る見学にやってきていた。そんな学生たちの対応の合間にサロン室をのぞいてみると、鞄をひざの上に置いたまま、さっきの男子学生が所在なげに座っているのが見えた。

「どう？」と声をかけると、「大丈夫です」と返してくるが、その声はあまり大丈夫そうではなかった。

「落ち着くまでゆっくりしていっていいよ」

というと、微かにうなずいたが目はこちらに合わせようとはしなかった。合わせる余裕もないという雰囲気で、息を荒くして座っている。そのままにしておいた方がいいかどうか迷ったが、何かあったら隣の控室に声をかけてほしいということを伝えて、その場は離れることにした。その後に入っていた個別面接を一つ終えてからサロン室を見てみると、姿がない。同僚に尋ねてみても、帰ったことは誰も気付いていなかった。

私はこの学生相談室に非常勤カウンセラーとして勤務している。翌週に出勤したとき、彼があの翌日、個別に話を聞いてほしいと言ってきたので、そこにいたカウンセラーが対応し面接をしたという話を聞いた。話の内容は、要約すれば一年生として入学したクラスの中でうまく人と話ができず、居場所がないのでつらい、ということだったらしい。

この学生が、沢野君だった。

週一回の面接の約束で始まった面接だったが、「しんどい」と訴えて沢野君はたびたび相談室を訪れた。どうやら授業の空き時間があるたびに、どう過ごしていいかわからずに相談室にやってきて、その度に個別面接を求めてきていた。急にやって来ても、担当カウンセラーが勤務日でなかったり、別の面接に入っていたりで時間をとることが難しいことが多かった。原則は週一回の設定であることを伝えるが、「誰でもいいから今話を聞いてほしい」と譲らず、結局はなし崩しに週三回、別々のカウンセラーが対応するようになっていった。私はそんなふうに決まった担当のうちの一人で、毎週一回彼と面接をすることになっていた。

夏休み、どんなアルバイトをするかと聞けば、野球場の駐車場の誘導員だという。どんな仕事の内容か、本人はあまりはっきりとはわかっていない様子だった。一年生の夏休み前だというのに、沢野君はすでに何度もアルバイトに就いては二、三回で辞めさせられるということを繰り返してた。ハンバーガー店などのファストフード店の調理が主で、決まった手順を踏んでいるうちは大丈夫なのだが、ちょっとでもいつもと変わったことがあると対応できずにその場で持て余されるということが何度も起きていた。そんなに急がなくてもいいのに、と私は思いながら聞いているのだが、どうも沢野君自身は「どうしても」アルバイトをしなければならないと思っているらしかった。

「何だかしんどそうやし、無理してせんでもいいような気もするけどなぁ」

「でも、やらなあかんし」

このやりとりを何度かしたが、あるとき、沢野君がふと

「お父さんがせなあかんて言うてるし」

と漏らしたことがある。どうやら、父親がアルバイトすることを強く勧めているようだった。そして、本人はそれを受け流すこともできず、言葉通り忠実にそれを果たそうとしているようだ。いわば、「大学生はアルバイトをするものだ」と生真面目に考えているらしかった。学内での対人関係ではうまくいかないことが多く、トラブルに至らないまでも日々困りごとをため込んでいっている。そんな状況でアルバイトを探すのは大変だと思ったのだが、不思議とアルバイトそのものには採用され、仕事を始めてからうまくいかなくてクビになるということを繰り返していた。

夏休みにアルバイトをまたするということで、傷つきが増えるだけではないかという懸念もあった。しかし沢野君は、アルバイトは続かないけれども、どういうわけか新しいアルバイトを見つけてくることはできていた。彼を守ることを大事にするあまり彼自身が見つけてきたアルバイトにカウンセラーの方が否定的になり、機会を奪うことになってもそれはそれで不毛なことだ。沢野君が傷つき過ぎないこと、疲れ過ぎてしまわないことを心配しつつ、無理し過ぎないようにと告げただけで夏休み前の面接を終え、夏休みに入っていった。

夏休み明け、予約の日に予約の時間よりも二時間早く沢野君は相談室に現れた。

「今すぐ話したいんやけど」

と言った。そわそわとした落ち着きのなさは、四月に初めて相談室に来たときの様子によく似ていた。私は予約の面接が詰まっていたこともあり、時間まで待つように伝えると、特に食い下がることもなくサロン室へと入っていった。

面接時間となり、二人で面接室に向かう廊下を歩きながら、部屋に入るのが待ちきれない、といった様子で沢野君は話し出した。

「駐車場、すぐにクビになってん」

「そうなんや……どんな感じやったんかなあ」

面接室で腰を下ろすと、沢野君は鞄を置くのももどかしそうに話を続けた。

「僕は真面目に仕事してたんやけど、でも、初めはどうしていいかわからんかった。説明されてもよくわからんのやね。時間かかるねん。でも、段々わかるようになってきたんやけど、上司の人が怒って注意してくるんやね」

「うーん」

「こっちは一生懸命にやってるんやけど。それでも、二日目になってだいぶ仕事わかるようになってきたと思ったら、呼び出されて。もういいって言われた。お客さんからクレームがついたんやって」

「なんて」

「お客への態度が悪いって」

「うーん、そうか……」

「態度が悪いってどういうことなのか、わからん。わからんって言ったけど、もういいって言われて、話も聞いてくれへんから。話くらい聞いてくれてもいいと思うねんけど」

初めは憤懣やる方ないという風情で怒りつつ話していた沢野君だったが、段々と勢いがなくなってきた。今回のことは、はっきりお客さんからクレームがついただけにだいぶこたえたようだった。

「なかなか難しいなあ。真面目に仕事していたんだけど、うまくいかなかったんやなあ」

「なんかやる気無くしたわ。どうやったらいいのか、わからん……」

「沢野君のやり方で一生懸命に仕事をしてたけど、それが伝わらなかったんやね……」

「わからんけど……」


このときからしばらく、沢野君がアルバイトの話を持ち出してくることは無くなった。面接の中での話は、大学の中の他の学生や教員との関係の話が主になっていった。また、定期試験の二か月ほど前から、試験に対する不安が語られることも繰り返された。試験についてああでもないこうでもない、と不安とその対策について沢野君が話し、私は特に意見を言うでもなく聞いていった。このころはまだ週に三回程度、その度に違うカウンセラーとの面接が設定されていた。これが、二年生になったときを機に、男性カウンセラーである私と、ベテランの女性カウンセラーの二人に絞られていった。二年生の間中、この二人のカウンセラーに対してそれぞれに別の話題を出しながら面接が進んでいった。この「別の話題を出しながら」という表現は不適切かもしれない。沢野君自身が意識的に使い分けていたとはあまり思えないからだ。三年生になったとき、沢野君の方から、私の面接一本にしたいという申し出があった。理由は「その方が時間割上都合がいいから」だった。こうして週一回の面接になってからは、毎週ほとんど休むことなく面接が続いていった。


ずっと沙汰止みになっていたアルバイトの話が出てきたのは、週一回の面接が定着してから八か月ほどたった三年生の冬休みのことだった。別の話題の中で、沢野君はふと、

「アルバイト決まったから」

と口にした。この話は本当に久しぶりだった。

「どんなん？」

「年賀状の仕分けの仕事」

その口ぶりには以前にあった気負いが無く、淡々と日常の報告というふうで語られた。三年生になってから急速に現実感を増した就職活動の話の中では、就職できないのではないか、大学を出たら行くところがないのではないかということが焦りを伴った口調で語られていたが、今回のアルバイトの話はそうではなかった。それほど悪くない話だ、と私は思った。一定のルールに沿って、不特定多数の人と接する必要もなく、正確に郵便物を仕分けていく。そういう作業は苦手ではなさそうだった。

「やれそうな感じ？」

私が尋ねると、

「わからんけど、やってみるわ」

とやや不安をにじませながらも、微かに挑戦の意味合いも匂わせながら沢野君は答えた。私は黙ってうなずいた。授業が冬休みに入ると面接も休みになったが、切羽詰まった電話が相談室にかかってくることもなかった。

正月が過ぎ、授業期間が始まってすぐの面接に、沢野君はやってきた。面接は、昨日までやっていたというアルバイトの話から始まった。

「分けるときにはコツがあってな、あんまりたくさん手に持ったらあかんねん。一度に持つはがきが少ない方が間違いがないし、飽きがこんしな」

沢野君は、目を輝かせてというわけにはいかなかったが、それでも生き生きと作業の手順やうまくやる方法を教えてくれた。

「楽しくできた？」

「楽しいことはないけど、周りの人とも少しずつ喋るようになったし、しんどさは少なかったな」

「そうか、まあまあしんどさは少なかったんやね」

「まあ大した作業じゃないしな。ところで、先生は仕分けの作業はできそうですか？」

「うーん、僕はそういう作業、苦手かな。手先も不器用やし」

「そうやろうな、みるからに不器用な感じやし。カウンセラーは器用さ関係ないしな。多分僕の方が上手いな」

正直に言えば、一年生のときの面接が始まったころはこういう言い方に少しとはいえ不愉快に感じていたところがあった。しかし、今になってあまりそういう感じ方はしなくなっていた。今の沢野君の言い方には、幾分かの余裕と自負が含み込まれていて、それがそれほど私を不快にさせないのではないかと思えた。

「次の正月は外勤やね。そしたらもっと好きなようにできると思う」

これも、上手に仕事を選んでいるということになるのだろう。

これから、就職や卒業に向けていろいろな厳しさが明らかになってくるだろうが、とりあえず今回のアルバイトができたことで、沢野君の自信にいくらかでもつながっていくといいのだが、と私は思った。

事例の理解

沢野君は、対人関係全般に難しさをもっていながら、父親の言ったことを言葉通りに受け取って、何としてもそうしなければならないという思いからアルバイトをしようとしていた。

そんな中でアルバイトを始め、採用はされても長くは続かない、ということを繰り返していた。しかし、その「続かないこと」と、自身の対人関係の在り方や、臨機応変にものごとに当たれないことについての関連を本人が考えるということはなかった。それらのことは、夏休みの野球場の駐車場では、利用客から「態度が悪い」と直接的なクレームがついたために、いや応なく結びつけて考えざるを得なくなり、しばらくの間はアルバイトから遠ざかることになった。

その後アルバイトの話が出てきたのは二年以上経ってからで、今度は、対人接触の少ない郵便の仕事を選んできた。この職種を選んだことについて沢野君がどのくらい対人接触のことを意識していたかはわからないが、いずれにしてもこの職を選んできたことそのものが、彼の変化をうかがわせた。

この二年半の間、アルバイトの話題そのものはほとんど語られず、直接に人との接し方の練習などもすることはなかった。この相談室では基本的には担当者制をとり、複数のカウンセラーが一人に会うことはあっても、必ず主担当者が決まっている。しかし、沢野君の場合は強い希望で三人ものカウンセラーが主担当のような形でつくことになった。ここでは直接的に一人の主担当という枠組みにのせる方向性をとらずに枠組みの方を広げ、相談室という一段階大きな枠組みの中に彼を収めていくという形をとった。最後は週一回にまとまっていったが、そうなった理由については、本人はただ時間割の都合でとしか意識はしていないようだった。

カウンセラーの対応

この事例では、私は沢野君がこだわっていたアルバイトについてはそれほど焦点づけずに話を聴いていった。沢野君の一生懸命にやっていることが相手にとって態度が悪く見えたかもしれないということには言及したが、ここでこちら側から言語的に何が態度が悪く見えたかを説明したとしても、それは言葉の上での理解であって、彼の困難そのものには何らアプローチをしたことにはならないと考えていた。ただ私がしたのは、沢野君のアルバイトの試みを否定もせず、失敗をしたとしてもそれはそれで受け止める、ということである。

また、カウンセラー個人でなく相談室として行なったのは、一人の学生に一人のカウンセラーがつくという相談室の原則を曲げて彼に対応していったということが挙げられるだろう。この相談室では週に一回の面接を原則としていることは何度も説明をしたが、その上でこの原則を破ることにした。ここでは、原則を破りつつ、しかし安定して面接を続けるという在り方が彼に提示された。

この事例では、話の中で自身の対人関係について直接取りあげられることはなかったが、それ以外のさまざまな話を語っている語り口が、徐々に穏やかになっていったという印象があった。彼の方の変化も、言葉で何を言うかという内容ではなく、語り方のうちにそれが現れていたように考えられる。また、現象として表れたアルバイトについても話題として扱ったわけではないが、このように長期の休みを除いて毎週安定して続けられた面接の中で、結果としてアルバイトがうまくいくことにつながるような何らかの変化が起きていたということではないだろうか。

事例2　サークルのルールと自分のルール

この地方にしては珍しく、朝から雪が舞っていた。面接室の窓から見える銀杏の木もすっかり葉を落とし、ひっかいて描いたような枝振りの向こうに大学の本校舎の煉瓦色の建物が見通せた。その校舎に目を遣りながら、高戸君がふとつぶやいた。

「あのサークル、やめてよかったのかもしれない」

高戸君がサークルのことを口にするのは久しぶりのことだった。三年ぶりになるだろうか。四年生の冬を迎えて、ぼちぼちと大学生活の振り返りの話題が出始めていたときのことだった。

　高戸君は一年生の六月に相談室へ初めてやってきた。主訴は、「周りの人とうまくいかない」ことだった。梅雨に入りかけの、もうだいぶ蒸し暑い季節だったが、長袖のシャツを着て分厚い眼鏡が目立つ、真面目そうだがどこかに落ち着かなさを感じさせる風貌だ。

　今日はどんなことで、と問うと、

「どんなことって、そこに書きましたけど」

　と、つっけんどんである。

「もう少し詳しく言うと、どんな感じかなあ」

「詳しくっていうと、どのくらい詳しく言えばいいんですか?」

「そうだなあ……周りの人っていってもいろいろいるよね」

　少し待ったが、高戸君は何を聞かれているのかわからないという様子だった。

「特にどういう人とうまくいかないっていうのがあるのかな」

「サークルの人です。特に先輩です」

　と即答する。

「どんなサークルなの?」

　やりとりにつっかかりつつわかったことは、高戸君が所属しているのは、「歴史研究会」ということだった。

「そのサークルの人とのこと……」

「先輩がおかしいんです。おかしいのに、おかしいことを認めないんですよ。誰が見たっておかしいのに」

と声が大きくなり、だんだんと興奮気味になってくる。高戸君は、日本史、特に戦国期の歴史に詳しく、相当の量の本を読み込んでいるらしかった。サークルには元々はあまり入る気はなかったが、先輩がずいぶんと高戸君に親切にしてくれたので、それにつられて入部を考えたということだった。華やかとはいえないこのサークルには、一年生はほとんど入っていない。高戸君はそれでも入部することにした。

うまくいかないというのは、入部したときに対応したというその先輩との間で起きたことだった。歴史について先輩が間違ったことを教えたので、高戸君がそれを指摘した、というのだ。

「指摘って？」

「『先輩それ嘘ですよ』って」

「ふうん」

先輩はサークルの「入門」としてレクチャーをしてくれたのだが、高戸君はその中の「間違い」を痛烈に批判したらしい。

「先輩のくせに、間違ったことを言うんですよ。おかしいでしょう。それで僕は『おかしい』って言ったんです。先輩間違ってるって。そしたら先輩が怒り出して……」

「ふうん、それはどういうときに言ったの？」

高戸君は、サークルの部員が何人もいる中で先輩の「間違い」を指摘した。先輩もその場で高戸君の言っていることを否定し、すぐに話題を変えようとしたが、高戸君にはそれが逃げを打っているように感じられたということだった。

その日から、当の先輩だけでなく他の上級生も、高戸君によそよそしい態度をとるようになっていった。それから同時に入部した唯一の一年生も、同じようによそよそしくなったということだった。

「先輩にそう言ったのに、一年生まで口を聞かなくなったなんておかしいでしょう？　僕の方が正しいんだし」

同期の学生は、先輩に謝りに行った方がいいと忠告してきたが、高戸君はなぜそんなことをしなくてはいけないのか全くわからない。そして、ずっと自分の正しさを主張し続けていたら、とうとうみな高戸君とは目もあわさなくなったのだった。

高戸君は、ここまでを一気に話すと、

「おかしいでしょう？　何でそういう態度をとるのか、ひどいでしょう？」

と私自身が彼を無視したかのように私を睨みつけた。

「カウンセラーから、そういうことをやめるように言ってくれませんか。僕は本当のこと言ってるんだから」

私は腕を組みながら、こう言った。

「うーん……先輩にも同級生にもそんなふうにされると……かなりしんどいね」

高戸君はソファの上で伸び上がるようにしていた背中をいくぶん丸めながら黙りこんだ。

窓の外では、朝からいつ降り出してもおかしくなかった分厚い雲から、とうとう雨が落ち始めていた。窓のすぐ外にある木の緑鮮やかな葉も、大つぶの雨の勢いに押されて下を向いている。

私は高戸君に、私から伝えても今の状況が簡単に良くなるとは思えないこと、しかし、どうしても必要だということになったらそれを伝えること、そして、どういうふうにすれば高戸君自身が一番しんどくなくなるかを一緒に考えていきたいということを伝えた。

高戸君は、静かにうなずくと、わかりました、と小声で言った。

高戸君は、週に一回面接に来るようになった。ほとんど休むことなく、一定の時間にやって来る。サークルにはそれからは一度も行っていないようで、講義には休まずに出ていたが、そこで話す人はいないということだった。

面接の中ではサークルに対する怒りが語られ続けた。先輩は本に書いてあった正しい答えを知らなかった、自分はわかっていることを無視した、同期も味方してくれなかった、と繰り返し繰り返し腹立たしさを言葉にしてぶつけるようにして私に語ってきた。しかし、それでいて改めてサークルの先輩や同期のところに談判に行くという話も出てくることはなかった。結果として、高戸君はなし崩しにサークルをやめたことになった。

その後も高戸君は面接にはほぼ休まずに通って来た。一月二月と経つうちに、話題はサークルのことだけではなく、家族のことや専門とする学問のことなどが徐々に語られるようになった。

この大学の学園祭は一〇月の後半に行なわれる。近隣でも話題になるほど大掛かりに行なわれるこの学園祭に、サークルに所属しておらず、クラスにも居場所を見つけられなかった高戸君は参加する場所もなく、いつもの通り面接にやってきた。季節は秋に差しかかり、窓の外の木の葉も色づき始めていた。イチョウの葉の色は変わっていったが、高戸君はほぼ毎週変わらずに来室し続けた。

高戸君の口からはサークルのことが出るのが幾分減ってきたように私には思えた。珍しく高戸君は高校生のときのことを自分から話題にした。

「そう言えば高校のときも、部活でうまく行かなくなってたな……」

「そうなんだ」

「そう。僕が正しいのに、同じ学年のやつが譲らなくて。部活の中ではそいつの方が人気があったから、誰も僕の味方をしてくれなかった」

高校のときは、途中で部活をやめることもできず、随分と不快な思いをしたのだといい、不愉快そうにそのときのことを振り返った。

「僕は運が悪いのかな。本当のことを言ってるのに、僕の方が悪者にされることばっかりだ」

「運が悪いのかなあ」

「運が悪いですよ。周りにそういう人ばっかりで」

私は、そうか、運が悪いという捉え方をするんだな、と改めて高戸君の物事の受け取り方を受け取った気がした。いろいろと話を重ねてきたつもりではあったが、なかなか彼自身の受け取り方は変わったりはしないということを再認識させられた。しかし、このところ、サークルへの恨みつらみの言葉からはそのとげとげしさがだいぶ減ってはきているし、そのことで興奮することもなくなってはきていた。


卒業間近になったとき、高戸君から、ふと思いついたというふうに、一年生のときの話が持ち出された。

「サークル、やめてよかったのかもしれない」

「やめてよかった?」

と私は聞き返した。高戸君は一瞬だがきちんと目を合わせてからこう答えた。

「……僕は今でも間違っていなかったと思うけど、あそこにずっといたら、ずっと先輩とのけんかだったかな。それもいいけど。でも、やめてよかったかもしれない」

高戸君は、少しはっきりしない笑みを浮かべながらまた静かに言った。

「やめてよかったかもしれないって感じなんだね、今は」

私が返した言葉には答えず、話は大詰めを迎えている卒論のことに移っていった。

私は、やめて何がどうよかったのかということはよくわからなかったが、高戸君がそのことを確かによかったと思っているように感じられた。ここで何がどうよかったかを明らかにしてもあまり意味がないように思え、彼が今一番気掛かりにしている卒論の話題についてゆき、その話を聞いていった。

事例の理解

対人関係の難しいこの学生は、サークルで先輩のレクチャーの間違いを大勢の前で指摘してしまった。それはサークルという空間の閉じられた上下関係の中では忌避されるべきとされている行動であり、周囲もそれをたしなめたが、高戸君は受け入れることができなかった。

相談室に初めて来たときの高戸君の私とのやりとりから、普段の対人関係のとり方が推測される。相手のことをあまり忖度せず、言葉の内容通りのことを受け取っていく。また、相談室に来たときは興奮していたこともあるだろうが、それを差し引いても多分に攻撃的なところがあり、そのことを隠そうともしなかった。おそらく、相手が変わってもそれに合わせてこのような態度を変えることなく出していっているのだろう。

面接では、サークルに対する怒りが延々と語られ続けた。初めの数か月はその話題以外は一切出ないくらいで、彼の背景や日常生活についてはその話の中から推測されることしかわからなかった。しかし、時間が経つごとに少しずつそれ以外の話題が増えていった。

半年ほど経った学園祭の期間中に、高戸君は初めて過去の話を語り出し、高校生のときに今回のように部活動の中で孤立してしまったことについて話し始めた。半年かけその話題を寝かせておくことで、彼は自分自身でそのことにたどり着いた。それは「運が悪い」という形で受け止められ、自分自身の対人関係の在り方について振り返られることはなかったが、それでも「同じことが繰り返されている」ということの理解は得られたようだった。

そのことに気づいた後はあまりサークルの話題が出なくなり、最後に話題に出たのは卒業間際の冬になったときだった。そこでは、サークルをやめてよかったということだけが断片的に語られ、話題はすぐに他のことに移っていった。わずかばかりしか触れられなかったので、それがどのように受け止められていったのかはわからない。しかし、それでもサークルの話が中心的に語られていた時期から見ると、そのことが中心的には語られなくなったということが高戸君が変化したこととして挙げることができた。

カウンセラーの対応

この事例では、高戸君は初めに私にサークル先への介入を求めてきたが、それは行なわなかった。また、そのサークルでの高戸君のやり方をたしなめたり、こうした方がやりやすいというアドバイスもしなかった。高戸君が延々とサークルについて語っていたときにはそれ以外の話題を出すこともなく、また、高戸君が自身の対人関係の在り方を振り返らずに「運が悪い」という落とし所を見つけたときにもそれを取り扱うことはしなかった。卒業間近になって久しぶりにサークルの話がでたときも、本人が出してきた以上に深追いすることもなかった。

この面接の中では、問題を機が熟するまでは腰を据えて寝かせておくことで、結果的に自分自身でそれに気付くということが起きてきたと考えられる。この「寝かせておく」というアプローチは、一見すると（つまり、事例を書き起こしたときに言語的に表れる範囲では）その話題に触れず放置しているように見えるし、そのことについて何も行なっていないというふうに見える。しかし、ある話題を寝かせておくためには、連綿と続く面接の中でカウンセラーが長期にわたってそのような可能性を心に留めつつ言語的には触れないということを行なう必要があるために、面接の場でカウンセラーの使っている力は一見してそう見えるよりは小さくはない。

支援のポイント

ここで挙げた両方の事例に共通することは、カウンセラーがその場に出てきた問題そのものを直接解決しようとはせずに話を聴いていったということである。失敗する見通しが高いアルバイトをやろうとしているとき、沢野君が傷つくことが想像できるだけに心配にならないわけではないし、高戸君の対人関係がうまくいかなかったときの理解が「運が悪い」であることに、それはないだろう、という気持ちが起きなかったわけではない。けれども、私の感じ方とは別にクライエント自身がその行動や感じ方を選び取ったこと自体を止めることは、クライエントの変化（＝成長）も止めてしまう恐れがある。こちらがその内容を受け止めることができる限りにおいて、その流れを止めないことが重要である。

さらに、そこでどのような心の動きが起こっているかについても、あまり明瞭に捉えようとしない方が、その流れを止めないで済むように感じられた。このような学生たちに起こる変化は一見して理解しづらいが、大学に入学してから卒業するまでというスパンで見れば、確実に変化が起きているということは学生相談を行なっていく中で感じられることである。

このような「しない」アプローチが成立するのは、一つには、アルバイトやサークル活動は正課の授業や就職に比べてそこから撤退したときに後に与える影響が小さい課題だから、ということがあるだろう。もちろん、社会的に問題のある（＝周囲や本人が害をうける可能性のある）アルバイトであったり、サークル活動の人間関係がこじれて暴力沙汰やストーカー問題に発展するような状況であったらその限りではないだろうが、アルバイトやサークルという課題は「きちんと失敗をする」ためには、それほど悪くはない機会であるように思われる。逆に、アルバイトやサークル活動そのものをうまくいかせようとすると、このような展開が生じにくくなってしまう。サークルもアルバイトも本人にとっては非常に重要な問題であり、失敗してもいいとは露とも思っていないだろうけれども、それだからこそカウンセラーは「サークルでうまくいったら成功、うまくいかなくても『失敗すること』には成功」という目をもって接していくことが長期的に見れば学生の成長に資すると考えられる。

いわゆる発達障害（とその傾向をもつ）学生への対応については、一般には「傷つき体験を増やさないように」と言われることが多い。しかし、不必要に傷つくことは避けるにしても、生きている限り傷つきそのものから逃れることはできない。それまでの傷つき体験と残された傷の深さにもよるが、「発達障害」という分類をされたからといって、撤退することが比較的先への影響が少ない場面で、毎週来談することでカウンセラーに見守られながら傷つきを体験するという権利は奪われてはいけないのではないだろうか。

第4章

自己理解・他者理解――中間期の課題

毛利　眞紀

はじめに

四年間の大学生活を通して経験する心理的な変化・発達の過程を「学生生活サイクル」という視点で見るとき、大学二年生から三年生にかけての時期は中間期と呼ばれている（鶴田、二〇〇一）。

この中間期では、生活上の変化が緩やかになり比較的制約の少ない自由な時間が増える。一見するとのんびり過ごせる時期のように思えるが、外的な環境が落ち着くと、おのずと自らの内面に向かわされることになる。自分はどんな人間なのか、人間関係の持ち方や異性との関係はどうか、将来どんな仕事に就いてどのように生活していくのか。いわゆるアイデンティティの獲得という青年期の発達課題への取り組みである。中間期に置かれた学生はすぐそこに迫った自立の時を感じながら、過去と現在と未来を見渡し、周囲と自分を見比べ、自分はどうありたいのかを問う作業に取り組むことになる。

それは、発達障害のある学生においても例外ではない。もしかすると、障害をもたない学生よりもその過程は困難なのかもしれない。アイデンティティはさまざまな経験を重ねることで吟味され構築されていくものだが、一方の発達障害も、人とのかかわりや生活の実体験を通して初めて浮き彫りになるものである。さらに、発達障害のある学生は一定の学力や適応力があるゆえに、青年期に至って診断を受けることも多い。そのためまだ自己が揺らぎやすい状態で、実体験を通して直面する障害特性に戸惑いや混乱を感じながら、一青年としてのアイデンティティを構築するという、二重の課題に取り組むことになるのである。

発達障害のある学生が自らをよく理解し、信頼し、周囲の人と適応的な関係性を築きながら将来を歩んでいけるようにと願うとき、中間期にどのような体験と心の作業が行なわれるのか、またどのような支援がなされるのかは、非常に重要な意味を帯びていると考えられる。

本章では二つの創作事例を通して、中間期に展開する発達障害という個性をもった学生の心模様とゆるやかな変化・成長の過程を見ていきたい。

事例1　僕は、友達はいらない

五月。新学期の慌ただしい時期を経てキャンパスに落ち着きが戻ったある日、井上君の母親は相談室を訪れた。朗らかで柔らかい雰囲気の女性だ。「この春に入学した息子のことで」とはにかみと緊張が混ざった表情で話し始めた。

井上君は幼稚園のころ、集団に入れないことを心配して訪れた小児科で「発達障害ではないか」と言われた。年少のときはお遊戯会でパニックを起こし大泣きしたこともあったが、次第に目立ったトラブルはなくなったため、以降相談に行くことなくやってきた。

井上君は二人兄弟の長男。一つ下の弟とはゲームをするなど仲が良いが、弟が井上君に合わせてあげているように感じられ、親の目にも兄の方が幼く映る。家では井上君も喋るが、外ではほとんど話さない。友達を作るのが苦手でいつも一人ぼっち。いつも一人でいるのを見るのが母は辛かった。大学でも誰とも話すことなく帰ってきているようだ。

小学校四、五年生のころ、学校でいじめのようなことをされた時期があった。もともとは井上君が何か場にそぐわないようなことをしたのが原因だったようだが、きつくあたられる時期がしばらく続いたので井上君も落ち込んでいたし、両親もとても心配していた。そのころ、幼いときに発達障害の指摘を受けたことがあり、友達とうまくいかないのはそのせいかもしれないと本人に伝えたことがある。でも、両親としても発達障害をどう理解すればいいのかわからなかったし、本人も口を固く結んでうつむくばかりだったので、病院を再訪することはなかった。正直なところ、母親自身が病院へ行って「障害」と言われることが怖かったこともある。

大学入学を目指して子も親も必死にやってきたが、いざ大学に入ってみると先のことに不安を感じる。井上君は数学や化学などの理系科目は得意だが、文章を書くことや事務的な作業が苦手だ。履修登録などの事務手続きやスケジュール管理は母親が逐一尋ねて手伝わないとできない。比べてはいけないと思うが、弟は手をかけなくても親が気付いたときにはほとんど何でもできている。こんな調子で大学生として、そして大人としてやっていけるのだろうか。

今回、母親としても思いきって「相談室へ行ってみよう」と本人を誘ったのだが、「僕はいい」と不機嫌な顔で断られてしまった。本人は乗り気でないとのことだったが、「ぜひ一度会いに来てください」と伝えてもらったところ、翌日、彼はひょっこり窓口にやってきた。

今時の若者っぽくはないが清潔感のあるシャツにチノパンをはき、細身の身体と対照的な大きく分厚いバッグを肩にかけ、所在なさげに立っている。私が「どうぞ座ってください」と促すとソファに腰かけた。「大学には慣れましたか?」との問いかけに、「あぁ……」と少し目をそらして応えるはにかむような笑顔が母親の印象と重なる。

「なかなか友達ができないことを、お母さんは心配しているそうですね。話せる人はできましたか?」

「いやぁ、いないです」半分困ったような顔でニコニコしている。

「欲しいと思うことはない?」

「いや……」うつむいて答えにくそうにし、しばらくして、

「僕、友達はいらないんです」と言った。

「どうして?」と私が尋ねると、一度眉間にしわを寄せ、答えを探すような表情をした後、

「いや、いらないんです」と繰り返した。

困ったような笑顔に、それ以上何も言えなかった。

その後、私から「大学生活をサポートしていきたいと思うのですが。井上君のペースで気軽に話す場として相談室を利用しませんか?」と誘うと、彼は下を向いたままうなずいた。


乗り気ではなかったはずなのに、井上君はきっちりと相談に通うようになった。ココンッと素早いノックをして「失礼します」とスタスタ部屋に入り、「どうぞ」と勧められるのを待ってイスに腰かける。そして、私が話しかけるのを待つ。

「今、なにか困っていることはないですか?」

「あぁ。困っているかどうかわからないんですけど、僕、美術部に入りたいんです」

実は母親から必ず部活に入るようにと言われており、勧誘されるのを期待して新入生を勧誘する先輩たちの

周りをウロウロしていたのだが声をかけてもらえず、新歓の時期を逃してしまったらしい。何だか井上君らしいなぁと私は思った。鞄から取り出した美術部のチラシを見るとメールアドレスが書いてある。「メールは苦手だ」と言うので、一緒に文面を考えメールを送信した。

井上君は優しくほんわかとした空気をもつ人で、何か取り急いで困ることがなければ面接は穏やかに過ぎた。私からの問いかけに井上君が短く答えるというやりとりがほとんどではあったが、井上君の穏やかな雰囲気に、私もホッとする時間をもつことができていた。

美術部にも無事に入部できた。よく声をかけてくれる先輩や同級生がいるようでおおむね順調に過ごしているように見えた。でも、私が「美術部の友達」と表現すると、「友達ではない」と否定した。

秋。学祭の準備に忙しい時期のある日、井上君はぼそっと言った。

「僕、ついていけてないなって思う」

何か困ったことがあるときに質問してくることはよくあったが、このような思いを口にしたのは初めてのことだった。

「部活のミーティング、話の速さについていけない。みんなで作品を作るときにこういうのって決まっても、そのときには何を作ろうとしているのか全然わからなくて。プリントとかに書いてあったらわかるんだけど」

井上君は耳からの情報だけで話の内容を理解するのが苦手だ。

「そうなんだね。これまではどうしてきたの？」

「誰かの指示に従ったり、みんなの様子をひたすら見て動いている」

目的や全体像、他の人たちの間では共有されたイメージが見えないままに周囲の様子をうかがいながら動くのは、さぞ神経を使うことだろう。

「神経使うね」と私が言うと、

「うん。いつも緊張している」とうなずいた。

「話してくれてよかった。ここは、井上君が思ったことを遠慮しないで話せる場にしましょうね」

「そうですね」と彼は笑顔を見せた。

その日から少しずつ、井上君は自分の気持ちを話すようになった。

「授業でグループワークがあるんだけど、やっぱりついていけない。発言したいけど考えている間に話が進んでしまうし、作業中も変なことしそうだから動けなくて」

「わからないことを質問してみたらどうかな？」

「でも前に、質問して怒られたことがあって。『だからそれはこうでしょ！』って。だから無理です」

そんな話からしばらく経った日、井上君は浮かない顔でやって来た。斜め下を向いて黙っている。

「元気がないようだけど、何かあった？」と尋ねると、

「授業で同じグループの人から『あいつが足を引っぱっている』みたいな陰口を言われて。でも、もういいんです。グループワーク終わったし、その人たちと一緒にやることはもうないので」とぽつぽつ答えた。

「それは嫌な思いをしたね……」

「みんなよくあんなに話せるなと思う。僕も話してみたいけど入れない。聞いてるだけでも邪魔かなと思って輪から離れるんです。迷惑かけるの嫌だから」

邪魔者扱いされている、迷惑がられているような感覚はきっと、子どものころからこれまでに経験してきた失敗やちょっとした人の言動が積み重なって、井上君に染み付いているのだろう。話を聞いていると、私も何

とも言えないやりにくさを感じた。

「井上君は、絵の他に何か趣味とか好きなことはありますか？　共通する話題があると話しやすいかと思って」

「あー、あるんですけど。……ちょっと言えません」

そのときは恥ずかしがって教えてくれなかったのだが、通い始めて一年が過ぎたある日、「毛利先生が嫌いじゃなければいいんですけど……」と言いながら大好きなアニメのことを教えてくれた。最初はおずおずと話していたが、段々と興奮して止まらなくなり、ついに声色を変えキャラクターの台詞を叫び始めた。そして、はっと我に返ると、再びおずおずと言った。

「こういうの、先生は嫌いじゃないですか？　母親は大丈夫だけど、弟はこういうの好きじゃないみたいで。嫌いな人も結構いるのかなと思って外では話さないようにしてるんですけど」

「大丈夫ですよ。井上君にとって大好きで大切なものなんですね」

「良かった。僕、クラスに友達が欲しいとはもう思わないけど、この話ができる友達は欲しいんですよ」

「そうですか。とてもいいと思う。そういう人が見つかるといいね」

本当は、私も最初面食らったのだが、彼がとても楽しそうに話す様子が嬉しく、折に触れてアニメの話を聞かせてもらうようになった。


二年生の冬休み。美術部の同級生たちは美術館の搬入出のアルバイトに行くことになった。井上君も誘われたが、「僕はいい」と断った。両親にも友達が一緒なのだからと強く勧められたのだが、「失敗するに決まってる。行きたくない」と気持ちは変わらなかった。他の人と同じようにできない自分に落ち込んでいた。

「高校生のころまでは何も思わなかったけど、大学生になって気が付いたら、みんな大人になっていた。何でも器用にできて。弟もそう。弟は塾講師のアルバイトを始めたんですよ。自分だけ置いていかれた感じがする」

斜め下を向いてぽつぽつと話す井上君の姿から心細さが伝わる。

「美術部のみんなは恋愛話とかしているけど、僕は聞いてもよくわからない。友情っていうのもよくわからないんですよ。小さいときは一緒に遊ぶ子がいたけど、少し大きくなってからはずっといないし」

「美術部の人たちは井上君にとって友達ではないとしても、仲間ではあるんじゃない？　同じ目標に向かって一緒に活動しながら時間を共にできる人たち。上手に会話できなくても、一緒にいること自体がお互いにとって特別なことだと思うんだよ」

「仲間……。どうなんですかね」


ある日、久しぶりに井上君の母親が相談室に来た。

「あの子、友達と遊びや泊まりに出かける弟を見て、寂しそうにしているんですよ。以前、弟があまり話さない時期もありましたが、最近は兄の方が弟を避ける感じで。弟が大学生になっていろいろやっているのを見て、複雑な気持ちがあるんですかね」

母親の話に、「置いていかれた」と語る井上君の姿が脳裏をよぎった。

「あの子ももっと外で自分を出せたらいいのに。ちょっとおかしなことも言うけれど、本当に優しくていい子だと思うんです。何かあっても絶対に人を責めることをしない。弟なんて文句ばっかり言ってるんですけどね。あの子は黙ってそれを聞いてます」と少し笑った。

「私も焦ることはないと思えるようになったけど、あと半年もすると就職活動でしょう？　それを考えると心配もあるから、一度病院に行ってみようと思うんです。この間誘ったら本人も『行ってみようかな』と言うので……」

その次の面接で、井上君はこんな話を始めた。

「僕、小学五年のころから時々、親に発達障害かもって言われてたんです。でも、弟や他の人はそんなのないのに何で僕だけって思って。勉強だって弟より僕の方ができるのに。確かに自分は何か違うと思っていたけど、認めたくなかった。先生は僕のことどう思いますか?」

「そうだね。井上君のことをどう思うかということの答えにはならないけど、私は井上君自身が過ごしやすくなるような理解の仕方ができることが一番大切だと思うんです。発達障害という視点を取り入れることでやりやすくなるのであれば、それもいいと思う。でも、認めたくない気持ちがあるんだね」

「うん。自分だけ何か違う人になってしまうように感じて。相談とか行かないで自分でやっていきたいと思ってた。でも、母親に専門のお医者さんに相談に行こうって言われて。いつもいろいろ手伝ってもらってるから、母親が言うならそうした方がいいのかと思って」

「そうですか。『こういう人』と人から決めつけられるのではなく、お医者さんから説明を受けながら、井上君自身で自分の理解を作っていけたらいいですね。井上君がどう思ったか教えてほしいし、私は井上君が思うことや考えることを応援していきたいと思っているよ」

しばらくして、井上君は母親が探した精神科の医師のもとを訪れ、アスペルガー症候群の診断を受けた。数回通って説明を受けたあとは、三か月に一度の経過観察となった。

「いろいろな検査をして自分が苦手なところを説明されたら、なるほどなって思った。それでどうすればいいのかはまだわからないけど。でも、苦手なところがはっきりしたら、自分の全部がだめって思わなくていいのかなと思った」と話した。

「お医者さんから自分が得意なことを生かしていけばいいんだよって言われたけど、僕が得意なことってなんだろう？」

「絵はどうですか？」

「それがそうでもないんですよ。他の人みたいに描けないし」

「絵は他の人みたいじゃなくてもいいんじゃない？」

井上君の絵は風景や人物などの写実画なのだが、絵本の世界のような独特な雰囲気をもっている。線の描き方が面白いのだ。

ちょうど三年生の学祭の時期で、引退前に作品を出せるのは最後だからと井上君は張り切って絵を描いた。その絵が部員や客に好評だったこともあって、企業が開催する美術展に出展してみないかと部長から誘われた。井上君は、「自分で描いた絵を出したらいろいろ感想とか言ってもらえるし、他の人の絵を見るのも楽しい。出してみたい」と、喜んで誘いを受けた。


三年生の二月。

「入賞はしませんでした」井上君は、ニコニコしている。

「今日、美術部の同期がお疲れ様会を開いてくれるんです。僕、臭いがだめだからお酒飲めないけど」

井上君の鞄が新しくなった。スリムなリュックでなかなかカッコいい。井上君に尋ねると、今でもやっぱり「友達ではない」と言う。だけど、そう話す彼の表情は以前と違って柔らかい。

事例の理解

子どものころから周囲との間に漠然とした違和感を抱え、人とのかかわりで失敗を繰り返す過程で段々と引っ込み思案になっている事例である。高校までは受験勉強に集中し、人付き合いを避けてきたが、大学生になって発達障害があるかもしれない自分をどう理解したらいいのか、人とどのようにかかわればよいのか悩んでいる。消極的なため表立ったトラブルは無いが、内面には違和感や深い孤立感を抱えているのである。

カウンセリング開始当初は自分の思いを語らないが、それは、悩みを語ることそのものと、障害をもつことへの葛藤があるからでもある。知的に高い発達障害学生の場合、他者と比べて自分に顕著な苦手さがあることに気付いていたとしても、それを人にさらけだすことを恐れて殻にこもっていることもある。この事例もそのような状態だったが、カウンセリングの過程で「感じていることを話してもいいのだ」と思えるようになり、思いを語るようになっていく。他の人みたいにできない自分に悩みながらも、無理をして合せるのではなく本当に自分が欲する友達とはどのような相手かを考えたり、自分なりの距離感で周囲の人と付き合うことを受け入れていっている。

カウンセラーの対応

この事例において、「障害」というキーワードは出会った当初から本人とカウンセラーの間に暗黙のうちにあるのだが、面接過程の後半まで話題に上らない。それは本人が「障害」を通して悩みを語ることを選ばなかったのであり、あるかもしれない「障害」への葛藤を抱えているからでもある。それを察してカウンセラーも「障害」という枠を横に置いて話を聴いている。障害の有無にかかわらず、ただ一人の人として素朴に語るのを聴くことが、その人自身を受け入れることにつながると考えたのである。そのためこの事例においては、医療機関の受診についても親子の主体性に任せるスタンスを取っている。

しかし一方で、個性を細やかに認めるという発達障害のある人への支援で大切にされる視点も活かされている。他者との違和感を抱えている発達障害学生において、「人付きあいはこうあるべき」などの一般的な観念に合わせようとするのではなく、本人なりのやり方を一緒に模索し、見守り、認めていくのが支援者の重要な役割と考えられる。他の人とは違っても、本人にとってよいやり方を「良い」としっかり認め伝えることが自信につながる。カウンセリングの中では自らの考えや思いが語られるが、この語りそのものが自己理解の雛型もしくは材料のようなものであると考えられる。そしてこの語りを認められ、受け止められていくことが、自己受容につながる。この事例は言葉で比較的よく表現できるケースとして描いたが、自分のことを語るのが苦手な発達障害学生も多い。そのような人も大学生活で経験する具体的な出来事について一緒に考え、本人が自分に合うやり方を選ぶサポートをすることが、その人なりの自己理解の形成に役立つのではないだろうか。

この事例の井上君は穏やかで、卑屈にならずに自分を語ることができている。この穏やかさと素直さを保てる背景には、「ちょっとおかしなことも言うけど優しい子」といった母親の語りにうかがわれる、ありのままの彼を認めてくれる家族の存在が大きくあると考えられる。変わったところも良いところも大らかに認められる関係性をもつことが適応や心理的成長の基盤になることを、日々の相談活動で出会う学生たちから繰り返し教えられている。

事例2　納得できないのはだめですか？

「ちょっといいですか！　アルバイト先の男の人から訴えるって言われたんです！」

澄んだ秋の空気を一変させるように、彼女は突然やってきた。

「え？　ちょっと待って。相談ですよね」とつられて慌てながら、私はひとまず話を制止した。なんだか大変そうだ。ちょうど時間が空いていたので面接室に通して話を聞くことにした。

髪はボサボサで、身に付けたシャツとスカートの組み合わせは明らかにちぐはぐだ。私が差し出した受付カードにもどかしそうに記入された「広田きみ」という文字が、読みにくいほどにおどっている。寝ていないのか頬がこけて浅黒く顔色が悪い。消耗した様子なのにどうしようもなくソワソワした感じが伝わってくる。相談内容の欄は書かずにペンを置き私の方へカードを押し返すと、せきを切ったように話しだした。話があっちに行ったりこっちに行ったりしてまとまらないのを何とか整理しながら聞くと、以下のような話だった。

一か月ほど前にファストフード店でアルバイトを始めた。幾つも面接を受けた末にやっと決まったアルバイトだった。店長は二〇代後半の男性でとても優しく、丁寧に仕事を教えてくれた。他のスタッフも優しかったのでその店がとても気に入っていた。最初は掃除や洗い物を担当していたが、ある日、広田さんはサラダを盛り付ける担当になった。店長から「こういう風に盛ってね」と手本を見せながら教えられた通り、キャベツとトマトとコーンをカップに入れたつもりだった。しかし、しばらくして様子を見に来た店長から「違うだろ！　コーンはキャベツの上。最後にのせるんだ。これじゃ客に出せないよ」と怒られた。広田さんが一生懸命弁解すると、「もういい。サラダのことは忘れろ。あっちの手伝いをして」とムッとした顔で言われた。怒られたシヨックでフラフラと歩いていたら、焼きたてのパンを運んでいる人にぶつかりパンが床に散らばった。そうして結局、パンもサラダも全部だめになってしまった。

翌週が初めての給料日だったのだが、自分の失敗に落ち込んでいた広田さんは「そのお金は申し訳なくて受け取れない」と断った。「働いてもらった分は受け取ってもらわないと困る」と言われたが頑なに断り続けていたら、店長はため息をついて笑いながら「それじゃあ、これで食事にでも連れて行ってくれる？」と言った。広田さんは食事に誘われたことが嬉しく、喜んで了承しお金を受け取った。いつ行くのか尋ねると、店長は「いやまあ、そのうちね」と答えた。

「そのうち」と言われたので、広田さんはいつもお金を持って準備していた。アルバイトのときにいつ行くのか店長に尋ねるが答えてもらえず、気になって仕方がなくなりアルバイトがない日まで店に行くようになった。アルバイトがない日まで店に来ることを注意され、店長に「いい加減にしてくれ」と怒られ、とうとうアルバイトを辞めることになってしまった。辞めることは広田さんから言い出したのだが、「サラダのことは忘れろ」という言葉と、食事に行こうと誘われ「そのうち」行くはずだったことが納得できず、その後も何度か店を訪れた。すると、「ストーカーだ」と言われ、「今度同じことをしたら訴える」と言われてしまった。

話の内容もあるが、話のまとまらなさや私の反応を見ることなく一方的に話す様子が気にかかった。しかし何より、せきたてられるような落ち着かなさと不眠の訴えが心配で、私は病院受診を勧めた。「そういうことじゃない」と突っぱねられたが、「とても気持ちが焦っていて苦しそうに見える。まず眠れるようになること、落ち着いて考えられるように心身を整えてから、話し合っていこう」と諭してなんとか病院を受診してもらい、投薬治療を受けるようになった。

「私は教えられた通りにやったつもりだったんです。キャベツが下、コーンが上とは言われなかったから！」と平手で机を叩きながら興奮して訴える。

「『サラダのことは忘れろ』ってどういうことですか？　そんなこと言われても忘れられませんよ」

「『その話はもう終わり』という意味でしょう。でも、広田さんは、指示された通りにしたつもりだったのですよね。『キャベツが下でコーンが上』と教えてほしかったのですね。わかります」

「食事に行こうって誘われたから、楽しみにしていたんです。約束を守らないなんてひどいじゃないですか！」

「そうですね。でも店長は、広田さんが給料をどうしても受け取らないと言うから困って、半ば冗談のつもりで『じゃあこのお金で食事に連れて行ってよ』って言ったのかもしれない」

「違います。店長は『それじゃあこれで食事にでも連れて行ってくれる？』と言ったんです！　『半ば冗談』ってどういうことですか？」

「広田さんが失敗を反省し、申し訳ないと考えて給料を受け取らないので、その給料で店長にご馳走するという形なら広田さんの気が済むのではないかと考えたのかもしれないですね。そんな考えを、本気ではなく、冗談で言ったのではないでしょうか。冗談で言ったら思いのほか広田さんが喜んだから、戸惑ったのかも」

「冗談だったんですか！　どうして冗談でそんなこと言うんですか？　『そのうち』って言ったんですよ」

「『そのうち』というのは、やんわりと断っている場合もあるよ」

「え？　『そのうち』って断る意味なの？　納得いきません」

「広田さんの気持ちはよくわかる。でも、店長やお店の人は困っているよ。店長やお店の人を困らせたら、あなたも辛いでしょう？　もう行かないようにね」と私が言うと、広田さんは悲しそうな顔をした。

面接室でこのような話を繰り返している間にも、広田さんは店に行くことをやめられなかった。一一月も終わりの寒い中、店の周りをウロウロしたり、駅前で立っていることもあった。店に行かないようにと他に行く場所を提案したり、他に関心を向ける物を探したりしたが、なかなかうまくいかなかった。とにかく頭の中で店長とのことがグルグル廻り、不安でじっとしていられないようで、毎日のように相談室に来ては受付の志水さんや部屋にいる誰かをつかまえて同じ話を繰り返していた。志水さんも「ここにいることで店に行かずに済むのなら」と少し相手をしたり、空室で休ませたりしてくれた。

それからしばらく経った面接で、ふいに広田さんは話しだした。

「店長が優しかったから、私、好きだったんです。ただ普通に好きってことではなく、恋愛みたいに好きだったんです。なのに怒られて、訳がわからないままにどんどんうまくいかなくなって」

話を続けるうちに彼女の目から涙が流れはじめた。

「そうか。好きだったんだね……」

「そうです」と言って、これまでも繰り返してきた話を続けた。何度も聞いた話に私も辟易していたのだが、この「好きだった」という言葉にハッとした。彼女の行き場の無い傷付いた恋心が垣間見え、繰り返される話もきっと自分の気持ちと考えを必死に整理しようとしているのだと思うと、なんだかとても切なくなった。

ある日の夕方、そろそろ帰宅しようかと準備をしていたら相談室の電話が鳴った。でてみると「うっ……」と嗚咽する声。広田さんだった。

「警察に連れてこられた」泣きながら彼女は言った。

私は頭を抱えながらも、混乱した彼女をなんとか落ち着かせようと静かなトーンで話を聞くことにした。例によって店長と話をしたい思いが抑えられず、帰り道で待っていたらひどく憤慨され、店長とその友人に交番へ連れて行かれたらしい。親にも電話したが仕事が抜けられず、どうしても迎えに来れないとのことだった。幸い警察の人も優しく対応をしてくれ、三〇分ほど電話で話すとようやく落ち着いて、自分で帰宅することになった。

翌日、広田さんの母親から私のもとへ電話があった。「昨日は申し訳ありませんでした。店に行くなって言うのに聞かなくて。私もあの子が理解できないんです」と狼狽した様子で話した。家での様子を尋ねると、父親は頑固で昔から広田さんに厳しく、「病院なんか行っても意味がない。改めようという本人の意識が足りないんだ。大体、お前の育て方が悪いからこうなるんだ」と通院にも反対し、母親を責めるばかりだという。二つ年下の弟は思春期のころから広田さんにきつくあたるようになり、最近は暴力を振るうようになったため、極力二人を接触させないようにしているとのことだった。

私は母親の苦労をねぎらいつつ、本人の状態を適切に理解するために主治医の診察に同行して相談するように勧めた。その一方で広田さんの気持ちを想った。今までどんな気持ちで過ごしてきたのだろう。広田さんにとってアルバイト先の人たちが優しくしてくれたことがどれだけ嬉しく、それを失ったことがどれほど辛かったか、気持ちが少しわかる気がした。

次の面接のとき、広田さんは一層暗い顔をしてやってきた。

「店長がお店からいなくなってしまいました。別の店に移ったそうです。でも、どこに行ったのかは教えてくれないんです」

広田さんから距離を置くための対処だったのだろう。

「行き先を教えることができないのはわかります。仕方がない。だけど、話したい気持ちが抑えられないんです。納得できない気持ちをどうにかしたいのは悪いことですか？　できない私はだめな人間ですか？」

「店長やお店の人が言うことは理解できるのだけど、抑えられない気持ちがあるんだね。苦しいね」

「苦しい……」感覚を確かめるようにつぶやいた。

「担当医の弓月先生からアスペルガー症候群と言われました。その障害の特徴としてこういう切り替えの難しさがあるって」

「そうですか。あなたはどう思うの？」

「私は……わからないです。私はただ会って話したいんです。嫌な顔をされたのが頭にずっと残っていて。困らせるつもりじゃなかったことをわかってもらいたいんです」

そして翌週、店長と会って話をしたいけれども叶わず、衝動と落ち着かなさに自らが擦り切れてしまったかのように、広田さんはすっかり落ち込み、起き上がることさえできなくなった。「今日は休みます。全然動けないんです」という電話口の細々とした声が痛々しい。

その日からぱったりと相談室にも来なくなった。


正月休みが明け一週間ほど経ったある日、広田さんは相談室に来た。少し頬がふっくらして、顔色も良い。

「もう行きませんよ」と彼女は言った。

「この間、弓月先生に勧められた本を本屋で見てみました。でも、買う気になれなかった。やっぱり障害だって受け入れられないんです。プライドが許さなくて。でも、私と同じだなって思うこともあった。言葉を字義通りに取ってしまうこととか。あと、その通りだと思ったのは、頭の中に二つの枠しかないってこと。白か黒か、できるかできないか、その中間はない。だから、『どちらかと言えば……』とか『大体こんな感じ』とか、曖昧なのはとても困るんです」

「同じだと思ったとき、どんな感じがしましたか?」

「少しすっきりした」

「そうですか。自分にそういう特徴があるとわかると、人と理解し合うのに役立つかもしれないですね。私も今の話を聞いて、なるほどと思ったよ」

「そうなんです。他の人と自分の感じ方が違うんだなってわかると、どういう風に違うのかをもっとはっきりさせたいんですよ!」

面接時間を終了し、いつものように別れ際に何度も振り返っては、見送る私に喋りかけながら彼女は帰っていく。遠くから大きな声で「ありがとうございました!」と言う人懐っこい笑顔に、ああ、これがこの人の魅力なのだなと私は感じた。

これから大学三年生。まだまだいろいろありそうだなと思いながらも、久しぶりに明るい気持ちで彼女の背中を見送った。

事例の理解

特定の人や場所に固執する傾向と、言葉を字義通りにしか受け取れず、言葉で明示されない情報を相手の表情や様子から読み取ることが苦手なためにコミュニケーションでつまずいている事例である。最初は曖昧にしか理解できない相手の気持ちを確かめるために同じ質問や行動を繰り返し、次第に相手から否定的な感情を向けられて傷付くことで、相手の言い分と自分の気持ちとの間で折り合いを付けることが余計に難しくなっているのである。

さらに混乱を増幅させたのがおぼろげな恋愛感情であったと考えられる。優しく仕事を教えてもらって店長を好きになるが、最初は本人もそれが恋愛感情であるとは理解していない。恋愛感情とは認識していないけれども好きという何か特別な感情と、コミュニケーションの食い違いを修正したい思い、怒りを向けられたことへの傷付きが、本人がもともともっている固執傾向や、思考や気持ちを転換する難しさと重なって、執拗に相手を追いかけ問いただす不適切な行動になってしまったと考えられる。

カウンセラーの対応

自閉性障害やアスペルガー症候群の人も恋愛をするし結婚もする。しかし、他者や自分の気持ちを把握することの苦手さやコミュニケーションの苦手さがあるために、恋愛に関心をもつ時期が他の人と比べて遅かったり、自ら異性とのかかわりを避けたりして、恋愛を体験する機会が少なくなってしまう傾向があるといわれている（Gerland, 2004）。また中には、相手の気持ちを適切に理解できずに、一方的な思い込みを押し付け、トラブルになってしまうこともあるようだ。

恋愛も対人関係の問題であるので、本人の気持ちと相手の気持ちや意図を整理し、理解を促すことが必要になる。相手と気持ちが通じてお付き合いができればよいが、本人の希望通りにならないと、受け入れられないことへの傷付きやすさに配慮したサポートが必要になると考えられる。というのも、コミュニケーションの障害のために受け入れられない経験や拒否される経験を重ねてきており、特別な感情を向けた相手から受け入れられないことに対する抵抗力が低い場合がある。ひどく傷付いて立ち直れなかったり、相手から受け入れられないことを受け止めきれずに混乱した行動になってしまうこともある。対人関係で傷付いてきた発達障害のある学生だからこそ、「あなたは大切にされるべき人」であることを伝えながらも、相手の意思や気持ちも同様に尊重し大切にしなければならないことを伝えていきたい。

支援のポイント

発達障害に限らずさまざまな障害のある人と時間を共にするときにはいつも、何をもって「障害」と考えるのかは単純な問題ではないと感じている。もちろん、一般的な障害の定義は医療や福祉の各領域で定められているのだが、その人にとって本質的な障害が何かということは、本人（または身近な人）が生活する中で何を感じ、どう考えるのかによって決まるものだろうと思う。だからこそ、本人が生活する中で感じることを丁寧に聴き、自分を受け入れ、自分のやり方で社会に自己を位置付けることを支えたいと思っている。

特に、発達障害は人とのかかわりの中で浮かび上がる障害であるからこそ、本人が感じる難しさを関係性の中で受け入れ、一緒に工夫していく姿勢が必要なのではないかと思う。日々の臨床で出会う発達障害のある学生の中には広田さんのように他者を巻き込んだトラブルに発展してしまうケースもあり、気を揉みながら対応にあたることになるが、外的または内的な混乱を伴う体験をしながら他者と自分自身を知り受け入れる過程にあるのだと考え、心理的な支えとなれるように努めたい。思考や行動の変換に時間がかかることもしばしばあるが、本人を理解しようと努める支援者がいることは、事態の複雑化を緩和し、収束を早めることにつながるのではないだろうか。

文献

鶴田和美編　二〇〇一　学生のための心理相談——大学カウンセラーからのメッセージ　培風館
Gerland, G.　2004　AUTISM: relationer orh sexualitet. Cura Forlag orh Utbildning AB.（熊谷高幸監訳／石井バークマン麻子訳　二〇〇七　自閉症者が語る人間関係と性　東京書籍）

第5章　専門課程に進んだとき
――「専門」という安全地帯、少数指導という親密関係の困難

渡部　未沙

はじめに

専門課程に進む時期は、大学や専攻による違いや、近年の早期導入傾向もありながら、一、二年で教養・語学単位取得後が一般的である。大学への適応が第一の課題ともなる入学期では、教養・語学授業を足場に高校から大学への移行を果たして大学本来の学びに備えていくのであるが、専門課程ではこれらの基礎を前提に、内容が一層難しく（当然ながら）専門的になる。課題提出が頻繁になり、目標とされる到達度も高く、量も質もハードルが上がるのである。また学習形式が中高以来の授業による一斉教育から、理系では実験演習、文系ではゼミ形式へ変化、学び方や対人関係のコツも変化していく。

このように書いてくると、環境変化に弱く、対人関係にも困難を抱えがちな発達障害（とその傾向をもつ）学生にとって、専門課程の大変さが前面に出てしまうかもしれない。しかし実のところ筆者は、彼ら彼女らにとっての専門課程に進むことを必ずしも悲観的にばかりは考えていない。

それは、専門課程では学ぶ対象や行動範囲・様式が絞り込まれる点による。このことは発達障害（とその傾向をもつ）学生にとって、教養課程まで晒されていた多岐に渡る刺激からの解放も意味する。そ

して絞り込まれた先に、得意なことや興味のあることがあるならば、専門課程に進む利点はさらに大きい。得意分野の興味ある対象への心おきない集中は、彼らの特徴から、ある種の安全地帯とも言えなくもない。実際にアスペルガー症候群の解説本には、「向いている仕事」の項目に「研究職」が掲げられている（佐々木・梅永、二〇〇九など）が、興味ある対象へ集中する「研究」を考えての記述であろう。

科学者、研究者を揶揄する逸話に「研究に没頭して開戦も終戦も知らなかった」などというものがあるが、平和時であっても想像に難くない。事実、停電などで日常生活に混乱があった場合も、研究者たちが自らの寝食も横に置いて何より腐心するのは、実験設備の被害を最小限に留め、研究対象を保護し、実験を継続することである。研究推進のために規則正しい生活という器にこだわり、その中で興味ある対象に没頭する……それは理系・文系を超えた研究者冥利ともいえよう。

大学が象牙の塔であった時代には、そのような研究への没頭は肯定されやすかったが、近年では大学の社会貢献や説明義務などが声高に求められるようになり社会的役割が増加した大学の研究職は、発達障害やその傾向をもつ人にとって、ストレスの高いものになりつつある。

さて、学生にとっての専門課程に立ち戻ったとき、それまでの人生では、興味のないことや嫌なことにも取り組まざるを得ない場面は多かったはずである。小中高の体育での球技に器械体操、そして水泳。皆で同じものを食べる給食、好みを問われず皆で歌わせられる音楽。外遊びがデフォルトの休み時間などなど。大学に入学後も必修の語学や体育では出席回数が単位取得に必須であり、遅刻すると失点。そして語学授業ではひたすらコミュニケーション能力を問われ、体育でもペアによる実習が多く行なわれる。苦手なことに耐えて教養課程を凌いだ発達障害（とその傾向をもつ）学生がいたとして、希望通りの専門課程に進むことができ、その内容も本人のイメージとずれが少なかったならば、やっと辿り着いた大学生活のパラダイスと感じられるのではないだろうか。

以下に、専門課程に進んだことが自信回復や他者信頼の契機となった例と、それまで潜在的だった課題が浮き彫りになった例を示したい。

事例1　実験なら頑張れる

実験系の先生方は学内滞在時間が長く、お見かけすることが多い。鮎川先生もよくお見かけする一人。その日も落ち葉が敷き積もった中庭で偶然行き合わせると、にこやかに声をかけてくださった。

「まあ、こんにちは。ちょうどよかった！　ご相談したいことがあって、連絡しなくっちゃ、と思っていたところだったんですよ、よかったわー。実はね……」先生はそのまま話し始める勢い。

「お会いできて良かったです。では、後でいらっしゃいませんか？」

私たちは手短に時間を確認し、その場を後にした。

「こんばんは─」夕方になって鮎川先生は訪ねてきた。生命化学分野で最先端の研究を続ける忙しい身でありながら、先生は穏やかに話し、ゆったりした雰囲気を醸し出す。拘束時間の長い厳しい研究室なのに、先生とその研究テーマを慕って志望する学生は少なくなかった。

「実は今度私の研究室に希望を出してきた学生のことなんです」

「ああ、そろそろ来年度の研究室配属が決まる時期ですね」

「そうなんです。今回一人気になる子がいて。何でも以前に不登校の経験があるみたいなんです。今年の専門授業の様子は熱心だし、その話を聞かなかったなら、別段気にしなかったんですけど、私のところ、忙しいから、もしかして彼女に負担じゃないかしらって」

「不登校というと、高校に行っていないのですか？」

「いえ、中学で。通信とかで勉強して大学を受験したようなんです。頑張ってきたんだなって。何か力になればと思うんですけど、そういった経歴の子は初めてで、どんなことに気を付ければよいかって」

私は、心の中で「一実さんのことだ」と呟いた。


一実さんは、大学入学直後に相談室に来室していた女子学生。ひょろりと背の高い、クールビューティ。愛想笑いは決してしない人だ。最初に相談室に現れたときも、予約の面接が途切れた合間に来室して、「相談したいんですけど……」と不機嫌そうに話し始めた。

「私、この大学に来たいわけじゃなかったんですよね」

一実さんはこう切り出すと、涙が勢いよく流れていく。

「『浪人はしないで』と親が言うし、仕方なく来たけれど、入学式から周りの子はちゃらついていて、一緒にいたくない感じ。がっかりです」

「初日から失望してしまったんですね。『大学ってこんな』って思い描くイメージあった？」

「数学苦手で志望校落ちたけど、理系が好き。研究とかどんどんやりたかった。だけどここでは無理そう」

「それは残念だよね、そのために受験頑張ったのでしょうに」

やっと私の方を見た彼女は少し間を置いた。そして小さな声で続ける。

「実は私、中学で学校に行けなくなって……思ったこと口にしてしまうから先輩に目をつけられ、厳しい校則にも反発して先生たちにも睨まれて。今大学で感じているのが、あのときの感じ。またああなっちゃったら嫌だなって。せっかく高認（高等学校卒業程度認定試験）受けて『今度こそ思うような学校生活をするぞ』って頑張ったのに……」

彼女の涙は尽きないが、予約の来談が迫る。私は、話し足りなさを承知でこう切り出した。

「そうだったんだ。それは、本当に大変なところを頑張ってきたんだね。これからのこととか、一緒に考えていけたらと思うんだけれど、今日はもうじきお約束している人が来てしまうので、一実さんもよかったら時間を決めて、また相談室に来てみないかしら」

彼女は小首をかしげてうなずき、涙を拭いながら次の約束をした。

以来、来る度に大学の愚痴で憂さ晴らしをしつつ、次第には相談室を巣立っていった。

あれから二年、教養課程を凌いだ彼女は、〝研究とかどんどんやれる〟鮎川研究室を志望している。

「鮎川先生から見て、その学生はどんな感じですか？」

「うーん、受講態度は熱心だし、研究室見学でも興味を示していたし、その点は研究室に迎え入れることは自然な感じですね。ただ一年では幾つかトラブルがあったと聞いています。体育で球技を嫌がったり、英語でペアの子と喧嘩したり。思ったことはつい口にしてしまうようね」

「先生自身がその学生さんにもっている印象が大切なように感じます。それと、彼女は何か引っかかりがあったとき、言葉にしてくれるようなので、研究室生活で何かトラブルがあっても、先生とでしたら、時間さえあれば、話し合って乗り切っていけそうな気もしますが」

「私は彼女の研究室入りにあまり問題を感じていないんです。ただ彼女と気が合わない学生もいるようで、その辺は気がかりですね」

「来年以降、彼女の研究室生活について、一緒に考えさせてください」

「そう言っていただくと心強いです。それでは予定通りの配属先を発表しようと思います」先生はそう言うと、夕闇に包まれたキャンパスを研究室に戻っていった。今からまた実験をはじめるのだという。


まもなく本人もふらっと相談室にやってきた。現れ方は以前と同様、予告なしだ。

「お久しぶりです」少しばかり大人びた挨拶をする彼女。

「あれから頑張った。諦めていた研究ができそうな研究室も見つけて、そこに入れそう」

嬉しい報告のはずなのに、表情は浮かない。

「よかったねー。でも、なんだか元気が無さそうだけれど」

「研究室配属は嬉しいんだけれど、就活が不安……」

「三年後期に始める人、多いね。一実さんも就職を考えているの?」

「みんな就活するから、私もしなくちゃって。でもエントリーシートが書けなくって。眠れない」

「頑張ってきたこと多いし、一実さんだったら書けそうだけど」

「そうじゃない。これまでの履歴とか、履歴書にどう書けばいいの? 『一番の困難をどう克服したか?』なんて聞かれても、不登校のときのことしか浮ばないけど、そんなこと書けないし、嘘も書きたくないし」

「本当に辛いことをエントリーシートに書くの、ためらうよね」

それから一実さんは就活の苦しさを語りに相談室通いを再開した。

新年度になり、鮎川先生も一実さんの様子を報告してくれた。

「まずまずのスタートで、特に気を付けることもないんですけど、どうものめりこみますね。『もう今日の測定はおしまい』という時間になっても彼女は『終わりたくない』と泊まり込みを申し出たりするんです。それはそれでいいんですけれど、一人ではできない仕事もあって、ペアになる子がちょっとバテていますね。そんなときには『私がいるから大丈夫』ってペアの子は帰したりしていますけど」

先生が報告される研究室での一実さんは、研究のことしか見えていない様子。他の学生と打ち込み方が違う分、鮎川先生以外の先生方の目も惹き、「頑張っているね」などと声をかけてくれるようだった。

けれど、そういった良い話は一実さんとの面接では、こちらから水を向けないと出てこない。ひたすら就活が辛い話、就職後が不安な話、過去の辛かった話を涙ながらに語るのだった。

「私ね、昔から、思ったことは口に出しちゃうところがあって、小学も中学も、そのせいで敵をたくさん作ってきた。大学でも、同級生にも先生にもバイトの上司にも、納得できないことは抗議してきた。そうしないと気持ち悪いけど、でもその後はやっぱ居心地悪い。研究室では思ったこと言っても割と受け入れてくれる。ていうか、やっぱ先生に守られているのかな。でも社会に出たら、そうはいかないって、怖さがある」

「思ったことをはっきり言うのは〝自分らしさ〟だけど、『このままでは生きづらいかな』とも感じているんだね。〝自分らしさ〟を大切にしながら、もう少しだけ生きやすくする方法って、ないかなぁ」

セミの声がキャンパス内に響き渡る季節だった。鮎川先生は食料調達のついでに立ち寄ってくださった。

「以前、ご相談した子、頑張ってくれているんですよ。実験装置の手入れや資料の管理にもこだわりがあってね、試験管も何もかもピカピカに磨いてくれるの。新しいマニュアルまで作ってくれましたよ」

「ずいぶん熱が入っているんですね、周囲の反応はいかがですか?」

「他の子は負担が増えるのは嫌がるので、『従来とどちらでもよい』って仲裁しました」先生は苦笑する。

「先生がトラブルの芽を小さい内に摘んでくださっているんですね」

「でもね、就職の方はなかなか決まらないみたいで、その話になると、しゅんとしてしまうんですよ。私、つい『もうこのまま院に進んだら?』って言ってしまって……。そしたら彼女余計に考え込んでしまったんですよ。進学の話を出したのは、悪かったかしらって……」

「彼女はどこかで『就職はしないといけないもの』って思い込んでいたのかもしれませんね。新しい選択肢に戸惑っているのだとしたら、少し時間を取ってあげると、決めていけるかもしれませんね」


毎回、一実さんの面接は就職の話一色なのに、その日は違った。

「あのね、先生が院を勧めてくれて……。え！　私なんかがいいの?って」少し声が弾んでいる。

「一実さんは研究をどんどんする生活に憧れていたんだよね」

「それはそうなんだけれど。でも、やっていけるのかな?　院生に求められることをできるのかな?　私、不器用だから、好きなことは頑張れても、苦手なことは、下手だしやりたくない。体育も家庭科も嫌いだった。まあ『研究』では体育も家庭科もないと思うけど、嫌な付き合いとか仕事とか、ありそうでしょ?」

「絶対に大丈夫って保障は難しいけれど、好きなことを続けたくって、その環境が整っているのは素敵ね」

「就職ができないから逃げるみたいでないかしら?」

「誰かにそう言われそうな気がしているのかな?」

「自分が一番気にしているのかも……。先生とも親とも話してみます」

一実さんは、面接後に研究室に戻り、鮎川先生と話し合い、そして帰宅して両親に進学の希望を切り出した。

就活に苦戦する彼女のことを心配していた両親は、進学には無条件で賛成してくれた。

就活のプレッシャーから解放された彼女は、研究室で多く時間を過ごし、無事卒業研究を仕上げた。


二月も終わりに近づく日、面接室の陽だまりの中で一実さんは、ゆったりと座っていた。

「大学院入試、心配していたけれど、推薦枠で進学できるんですって。すごくほっとした。実験だったらいくらでも頑張るけれど、数学の試験なんて困ると思っていたから。卒業研究が仕上がって、少し自分に自信がもてたかな。これまでの人生では、なんだか周りと衝突しちゃうことが多かったけれど、今の研究室では割と平和。安心して学校に通える感じ。でも何かあったら、また来ます。院生もいいんですよね？」

「院生さんになっても、何にもなくても、いつでもお寄りください」

一実さんは、少し笑って、それから真顔で一礼すると走り去った。咲き始めた春の花に目もやらず、研究室にまっすぐ向かって。一実さんがいる限り、試験管もシャーレもピカピカで、培養菌も安泰だ。

事例の理解

一実さんは、これまでの学校生活で対人関係に苦労し、学校から身を引いてからの再挑戦で大学入学を果たしている。その間かなりの心理的な落ち込みがあり、大学入学直後や就活中には、涙が止まらない、よく眠れないなどの抑うつ的な症状が見られた。しかし彼女の様子は、対人恐怖や社会不安障害、重篤な精神病圏の人と違う印象があった。近年、「発達障害」と「気分障害」（とりわけうつ状態）の関連性が指摘（神田橋、二〇〇九など）されており、たとえば衣笠（二〇〇七）は「重ね着」という表現で、うつや不安が表面に見えながら、ベースに発達障害がある症例を報告している。一実さんの不安や落ち込みも、このような「重ね着」(二次的症状)と考えられる。彼女の対人関係のトラブルの元に目を向けてみると、ある特性が浮かび上がってくるのである。嘘を嫌い思ったことを言う傾向は〝コミュニケーションの問題〟、この正直すぎる態度は相手の立場を配慮できない〝社会性の問題〟、大学生活への想像のつかなさ、研究生活へのこだわりは〝想像力の問題〟。このように、コミュニケーション、社会性、想像力の三つ組の問題が、困難の中核に見いだされる。専門課程になって没頭できる対象に出会えたことにより、それまでにはなかった充実した時間を過ごせたのであるが、トラブルの火種は常にあった。たとえば、研究室の学生は彼女に不満を抱えていたものの、指導教員がさりげなく緩衝帯となってくれたおかげで顕在化が避けられていたのである。

研究室活動における彼女の没頭は、温かく見守られた。これまで孤立しながら歯を食いしばって自分らしさを維持してきた彼女だったが、それは相当に緊張を強いられる集団での立ち方だったと思われる。しかし研究室という小集団では、トラブルになりがちな彼女の融通の利かなさ、譲れなさを、教員がさりげなくフォローし、従来得難かった所属集団からの承認・称賛をも与えられた。この経験は、今後の集団での身の置き方の肯定的な変化に影響をもっと思われる。

研究室での体験が好ましいものとなったのは、無論研究室選択の妙、すなわち指導教員および研究対象と相性の良さがあるのだが、相談室という個別の場において定期的に自分について考える時間を持ち続けたことも重要であり、これらが相まって効を奏したと感じている。

カウンセラーの対応

一実さんの相談室利用は、基本的に困ったときに駆け込むものだった。カウンセラーは、そのような利用で不安に対処する一実さんに応じながら、徐々に予約による継続面接の形式に馴染んでもらった。相談室の仕組みを最初から固定してしまうと、彼女の場合、押しつけられる感覚から反発してつながらない可能性もあり、徐々に仕組みを示し、少しずつ合わせていってもらった。そうやって継続した面接で、カウンセラーは涙を流し続ける彼女の話を傾聴し、対人関係などの具体的対応策を少しずつ話し合っていった。彼女の例では、指導教員へのコンサルテーションもあり、先生による本人の支えも期待できたため、面接での具体的な対人関係場面への助言は少なく済んだと考えられる。鮎川先生は、節目ごとにカウンセラーに確認しつつ、彼女の研究室生活を見守ってくれたのであった。

事例2　語り尽くしたいのに

三年生のこだま君が相談室に通うようになったきっかけは、三年生から所属したゼミの秋山先生の一本の電話だった。「気になる学生がいるんですよ。ゼミでの対応だけでは限界もあるので、相談室に通ったらどうかと思って……。ま、電話では十分な説明はできないので、そちらに行きます」

新年度開始直後の忙しい合間を縫って秋山先生は来談された。

「年々オープンキャンパスとか、授業や研究以外の業務も増えてきているけれど、学生指導もこれまで以上に時間がかかるようになりましたねぇ。最近、これまでとはタイプの違う学生が増えてきましたね」

秋山先生は、日本近代史がご専門で、長年のゼミ担当でさまざまな学生を見てきており、親切な指導に学生からの信頼も厚い。そんな先生にとっても、こだま君のような学生は初めてで、戸惑っているという。

「いや、まったく初めてというのは正確ではなく、彼と似たような学生がいないわけでもなかったんです。でも、彼ほどその特徴が顕著ではないこともあって、少しばかりの配慮によって無事卒業させてきました。でも彼の場合は、他の学生との関係の悪さが半端でなくって、私一人が対応して何とかするというより、彼自身も相談室に通って、もうちょっと複眼的に対応できたらって思ったんですよ」

「もう少しどんな学生かお話いただけますか?」

「こう言っちゃなんですが、身のこなしがぎくしゃくしていて、服装は時代遅れ。まあ、それくらいはこの大学の地味な子たちにもいるけど、そういう子たちもゼミの中でそれなりに居場所を見つけられることが多かったんです。彼の場合、ゼミ所属の他の学生に溶け込めず、会話がないだけでなく、敵対的な感じになってしまって……。彼、ゼミの係になったんですが、他の学生に高圧的な態度で命令をして、反発されるとまた過剰に被害感をもって、関係がこじれていったんですよ」

「先生も見ていてはらはらされますよね。どうやら、その学生さんの対人コミュニケーションのこじれには、ご本人と周囲と両方への働きかけが要りそうですね。ゼミの他の学生さんとの関係は、先生にご協力いただきながら、私もご本人との面接がつながっていけたらよいのですが」

「それは僕の方で、何とかこちらに来るよう話してみます」

「お願いします。ただ、どうか無理なさらず。先生と話していく形でもお手伝いできると思いますので」


こうして彼はやってきた。「ゼミの先生が行くように言いました」とだけ大きく書かれた申込用紙。

「ここに書いたとおり。僕は特に相談なんてないんですよね」

話しぶりに、来談を勧められたことへの憤りが感じられた。

「そうだったんですか。それはここに来るのも気が重かったですよね。良く来てくれました。先生はどんなふうに勧めてくださったの？」

「先生は、僕がまじめで勉強熱心すぎるのが気になるらしく、就活の前に、相談に行くといいって」

確かに礼儀正しい振る舞いに丁寧な言葉使い……。対面している私も、自分の振る舞い、言葉使いを彼に合わせる感じで話を受けていく。

「まじめで勉強熱心ってとても大切と思うけれど、それだけじゃだめって言われた感じがしますか？」

「僕はこれまで一生懸命勉強してきたし、そのことは親も認めてくれていました。高校までは、頑張ればそのままテストの成績も上がって偏差値も伸び、それに見合う大学を受けて。でも大学に入ってからは頑張っても手ごたえがあまりない。そのことはすごくがっかりです。周りの学生は、適当に授業をさぼったり、出席してもしゃべってばかり。イライラしてつい『うるさい！』って言うと、僕の方を注意する教員とかいたりして、僕は納得できない！　腹が立って壁を殴っていたら事務の人まで僕を叱ったりする！　それにそういったチャラいやつがいい成績を取ったりするんです！」

その場面がよみがえるのか、こだま君は腹立たしそうに、唇を噛んだ。

「それは本当にくやしいですよね。これまで大学生活で感じてきたいろいろな気持ちを話す場があまりなかったんじゃないですか？」

「そうですね、学校ではほとんど誰とも話しませんから。授業の後、先生に質問して少し話したりしますが、全ての先生が質問に応じてくれるわけではありませんから。家で両親とはよく話します。授業での私語の話とか、両親は僕の方が正しいと言ってくれます」

ご両親との良好な関係の中、才能を伸ばしてきた一方で、周囲との折り合いの付け方にはあまり助言を受ける機会なくきたようだった。

乗り気ではなく来談した彼だったが、〝自分の話を存分にしてよい時間と場所〟に満足したらしく、〝日ごろの戸惑いについて話し、対処を一緒に考えていく〟ために相談室に定期的に通うことに同意した。

「僕はサークルに入らなかったので、ゼミは初めてのグループ活動、もっと語れる場と思ってました」

「ゼミの人たちとは、あまり話さないのですか？」

「僕が話し始めると、誰かしらさえぎるんです。『ちょっと元の話に戻すと』とか、先生まで『少し手短かに頼むよ』と言ったりして。僕は話したいことを話しきれないことに不満を感じているんです」

「話したいことを話しきれない、聞いてもらえない感じ」

「そう、結局僕は話に入れず、すごく腹が立って、そこから出ていくんです」

「怒りを直接相手にぶつけないようにその場を離れたのですね。そうやって自分を落ち着かせるようにしているんですね」私は、彼なりの対処に共感を示した上で、「でも皆はどうしてあなたが急に出て行ったかわからないので、驚いたのでは？　気まずい気持ちもしたかも」

「うーん、あの人たちはどうせ僕なんかいない方がいいんですよ」

少し私の観点に気をとめつつ、彼の言葉には疎外感がにじむ。

「そうかなぁ……。あなたも参加して『今の討論、気持ち良かったな』『今日のゼミは充実していたな』という回が増えてくるとお互い気持ちが良いのでは。そのこともここで一緒に考えていけるといいですね」

一度決めたことを守る彼は、予約時間通り来談した。時計を気にしつつ早口でまくしたてるこだま君に私が短い相槌を打ち、わかりにくい箇所を少し確認させてもらう……。世に言う〝会話のキャッチボール〟としてはぎこちないが、彼にとって、一度はもつべき、安心して〝しゃべり倒す〟時間だったようだ。

〝しゃべり倒す〟内容はこれまで覚えた歴史に関する豊富な知識。

「すごいね、ずいぶんと細かいところまで覚えたんですね」

彼は私の言葉に少し照れくさそうな表情を見せ、頭を振った。

「高校までは暗記が自慢で、高得点を取れる日本史が得意でした。だから迷わず史学科を選んだんですけれどね。でも大学ではどうも違うなって。教養科目ではまだよかったけれど、専門では、論理展開を追うことや、自分なりの発想を求められることが増えたんですよ。結果だけ暗記してきた勉強方法は通用しないって感じています。何だかそう思うと焦りを感じてイライラしたりする。ゼミで自分の知識を披露しても他の学生が興味を示さないと、唯一自慢できることまで否定された気持ちがして、その場にいられない気がしてしまう」

「そんなふうに感じて苦しかったんですね。秋山ゼミは、専門的な討論を展開することで有名ですものね」

「もうほめられもしないし、いい点も取れない。歴史に自信も興味も薄れてしまって、別の分野に移りたいとも思う。このまま今のゼミにいてもなって。先生は気にかけてくれて申し訳ないんですけれど」

「ああ、専攻を替えたい気持ちももっているんですね。ただ、現実的には、今の時期からの所属変更は難しいんですよね、運よく移れても、四年間で卒業できなくなる可能性が大きいみたいです」

「え！　そうなんですか？」こだま君はかなり落胆した様子。

「僕は日本史が得意だから、ずっとやっていれば研究者になれるかなと思っていたけれど、そんなに簡単じゃない。高校までは、『優等生だから皆と合わない』で済ませてきたけど、今は周りが優秀。皆と上手く討論できない自分の方が劣等生。『問いを自分で立てて、問題に取り組む』なんてわからない」

これまで周囲への馴染めなさを埋め合わせてきた〝成績優秀〟という勲章がくすんでしまう……。彼の危機感がひしひしと伝わってきた。

「得意分野なのに今までのやり方では通用しない感じは、苦しいですね」

面接から戻るとデスクにメモがある。「秋山先生からお電話。六時まで研究室とのこと」まだ間に合う。

「例の学生、おかげさまで、落ち着いてきて、カッとして部屋を飛び出していくことはなくなりました。ただ、もうじき彼の発表なんですが、『自分にはできない』と言ってきました。まあ、発表前に泣きついてくる学生はいましたが、彼の場合『もうこの分野では可能性がないから専攻を替える』と、唐突なんですよ」

「ゼミで少し落ち着いてきたのは良かったですね。落ち着いた分、自分が客観的に見えて苦しいかもしれません。変化したい本人の思いは大切に、専攻替え以外の方法も、面接でも話し合っていければと」

「そうしていただけると助かります。こちらも、彼の勉強面のつまずきについて、今回をきっかけにフォローしたいと思います。これまで他の学生を意識して、教えてくれと言って来にくかったんでしょうね」

「彼の学びでの戸惑いをチェックする機会になりそうですね」

「まあ、じっくりやってみますよ。これからもよろしくお願いします」

転科騒動から始まった三年生後期だったが、先生の個別指導の成果もあり、彼の発表は年末納め会前には無事終わった。このころには、就活についても面接の話題に上るようになってきた。本人はゼミで精一杯のため就活どころでないが、卒業後を心配する両親が就活を催促すると言う。彼の現実と両親の期待とのずれが彼を苦しめているようだった。私は彼に了解を得て母親と連絡を取ることにした。

「いつもお世話になっております。ゼミの先生に勧められてからずっと通っているようで。ちょっと変わったところもありまして、同級生とは馴染めなかったんですが、勉強ではずっとマイペースに頑張っていました。小学校でいじめられて中学から私立に行かせましたら、個性を大事にしてくれる学校で。『ああ、良い環境に恵まれれば、あの子なりにやっていける』と安心したのですが、どうも大学では…。授業で何かあって興奮して帰宅したときには、さすがに病院も考えました。でも最近は順調で感謝しています。この調子で就職もと思っています」

「これまでこだま君が個性を大切に伸ばしてこられたのも、ご両親の支えのおかげですね」と伝え、「誰でも得意・不得意がありますが、彼の場合、対人関係に難しさがあって、就活に苦しんでいるようです」

「まあ。そんなにプレッシャーをかけたつもりではなかったんです。『努力すればできる』という言い方は、ついしていたかもしれません。中学では私立を選んであげたけれど、今回はどうできるでしょう」

「大学生の今回は、本人の希望を大切に、皆で可能性を探りましょう」

「お母さん、電話してきました？　何て言っていました？」

「こだま君が自分らしく過ごせる進路を考えてほしいって」

「民間の就活が辛いって、わかってくれるかな。僕はこつこつ覚えるのは頑張れる。でも就活ではそれがちっとも活かせない。もう就活は辞めて、公務員試験に専念したい。書いてあることを覚えるのが勉強と思ってきたけど、考えて書くという勉強もゼミで少しわかったし、卒業までゼミは頑張るけれど、大学院はもういい。自分の得意面で、まずは社会人を目指します」こだま君はきっぱり言い切った。

事例の理解

こだま君は小学校ではいじめがあり、心配した両親の勧めに応え、私立学校に進学した。個性を重視する校風が合い、二次的症状を示すこともなかった。彼の「発達障害」傾向を考えてみたい。動作はぎこちなく、服装も無頓着、丁寧な堅苦しい話し方をする彼は、小学校でいじめの標的になりやすかったのであろう。しかし、私立中学進学後は本来の記憶力の良さを発揮し、大学受験を乗り越えて入学している。彼が教養授業で示した私語への反応は、聴覚刺激への過敏さと、真面目で融通の利かなさが影響してのことと考えられる。その彼が専門課程に進んで直面した困難は、従来の課題解決法（丸暗記）が通じないことだった。さらに、これまでとは異なった対人関係の持ち方をゼミという少人数集団で求められたこともあった。誰も最初から彼を仲間はずれにするつもりはなく、むしろできれば友好的に過ごしたいと思っていたが、かかわろうとする程にコミュニケーションがこじれ、価値観の違いに溝が深まり、彼はゼミでの居心地の悪さに苦しんだのである。

カウンセラーの対応

こだま君は指導教員に相談室を勧められた。このような場合、本人は劣等生との烙印や教員からの見捨てられを感じることがある。幸い先生はその辺りに配慮した勧め方をし、紹介後も積極的に彼とかかわってくれた。自発来談と違い、当初の動機は薄かったが、一旦納得すると、〝しゃべり倒す〟ことができる場で、適度な話の分量を探っていった。この流れの中でゼミ中の離室は減り、授業中の苦痛は相談室で語り、背景の劣等感にも目を向けていった。

またカウンセラーは、教員の個別指導にあたって、彼の特徴理解に向けて助言を行ない、保護者への連絡では労をねぎらい不安を聴くと同時に、本人の進路の悩みを代弁した。青年期では、本人が教員や保護者に直接働きかけられるような援助が理想ではあるが、彼の場合には、教員や保護者の理解と協力の地ならしをカウンセラーがすることで、本人の働きかけを円滑にしたと感じられる。

支援のポイント

本章の二事例とも未受診・未診断であるが、大学で支援が必要になる学生には、未診断ながら「発達障害」傾向による不適応の場合が少なくない。

一実さんは理系特有の長時間の研究が負担でなかったが、身体機能の問題から疲労がわからない多動や不器用さが際立ち、長時間滞在、実験操作手順習得、実験器具扱いに難しさが生じることがある。「教育」と同時に「研究」推進を荷う研究室の立場を考えたとき、どこまでを合理的な配慮として指導教員に求められるのか、難しい問題を孕んでいる。少なくとも指導教員だけが抱える問題ではなく、同時に相談機関が独力で対応できる問題でもなく、本人と関係各部署とが協力して対応策を探っていかざるを得ないのは間違いない。

一方文系では、ゼミに所属し、定期的に発表や討議が行なわれるが、少人数の濃密な人間関係への加わり方は、こだま君ならずとも難しい。

理系文系を問わず、周囲とのかかわりの質は重要である。本章の二人の場合は、彼らの個性に肯定的に接する人が存在した。現実場面の困難に共に取り組んでくれる人が居れば、彼らの「対象」への熱中はトラブルの少ないものになる。カウンセラーは面接室から裏方として彼らを支えつつ、現実場面での支援者を育てる手伝いもすることになる。

ダーウィンやヴィットゲンシュタインは、うつ病や統合失調症として論じられていた（飯田・中井、二〇〇一）が、近年では「発達障害」としての論もある（伊藤、二〇〇九など）。前者の妻や友人、後者のラッセル・ムーアなど、支援者あっての「天才」の仕事であるが、ラッセルが〝ヴィットゲンシュタインの衝撃〟と言い表したように、支援側も、彼らと共にいた時間に多大な影響を受けたと思われる。

本章の一実さんとこだま君も、周囲の支えが大きかったが、支えた側も、彼らの個性とかかわり、新たな視点を得たようにも感じる。発達の定型／非定形という二項対立ではなく、幅広いスペクトラムに私も彼らも分散していると考えたとき（渡部、二〇〇九）、大学においても、被支援者と支援者という対極に互いを押し込むよりは、〝偏り〟を持ち寄りつつ、共に生きる工夫を努めていければと思う。

文献

飯田真・中井久夫　二〇〇一　天才の精神病理　岩波書店
伊藤良子　二〇〇九　人間はみな発達障害　伊藤良子・角野善宏・大山泰宏編「発達障害」と心理臨床　創元社　一五―二七頁
神田橋條治　二〇〇九　難治症例に潜む発達障碍　臨床精神医学、三八巻三号　三四九―三六五頁
衣笠隆之・池田正国・世木田久美他　二〇〇七　重ね着症候群とスキゾイドパーソナリティ障害――重ね着症候群の概念と診断について　精神神経学雑誌、一〇九巻　三六―四四頁
佐々木正美・梅永雄二監修　二〇〇九　アスペルガー症候群　就労支援編　講談社
渡部未沙　二〇〇九「発達障害」を疑われる人とその同朋に関する一考察　伊藤良子・角野善宏・大山泰宏編「発達障害」と心理臨床　創元社　一九五頁

第6章　学外実習・留学・インターンシップ
――教育機関としての責任と個人の学ぶ権利

髙橋　寛子

はじめに

今日、大学では教職など資格取得のための学外実習に加えて、体験そのものを目的とした学外研修の機会が数多く提供されている。それらは国内にとどまらず、海外の大学での研修や企業・研究機関へのインターンシップ制度の導入など、より実践的な現場での体験を重視したものである。授業では得ることのできない未知なるものと接する機会となり、就職活動にも有利に働くとあって、学生だけでなく保護者からも高い関心が寄せられる。昨今の就職の厳しさも反映してか、学生たちは忙しい勉学やサークル、アルバイトの合間を縫って、強迫的ともいえる熱心さでこのような機会をとらえ参加を希望するのである。

発達障害（とその傾向をもつ）学生にとっても学外実習や研修への関心は高く、将来の就労に対する強い不安もあって、そういった場を求める気持ちは人一倍強い。反面、新しい場へと出て行く際の本人や家族の不安には各人各様独特のものがあり、発達障害のある人に共通してみられる行動パターンといった大きなくくりからだけでは捉えきれない。また、キャンパスという物理的にも心理的にも守られた空間から学生を外の社会に出す際には、大学として相応のリスクを引き受けることになるが、それが発達障害のある学生となれば、さらに予測外の困難をも覚悟しなければならない。大学としてもどのように理解し支援していけばよいのか、個別事例を前にして手探りで試行錯誤しているというのが現状であろう。本人だけでなく他学生の安全確保への責任、引率者や指導者の負担への配慮、受け入れ側の環境や認識の相違など、複雑なせめぎ合いの中で大学としての責任者は判断に苦慮せざるを得ない。また、発達障害への誤解や認識不足から、対応する教職員側にも戸惑いや、参加させること自体に不安の声が上がるといった現実も否めない。さらに本人が自主的に参加を申し出た場合と、必修科目として卒業要件や資格取得にかかわる学外実習の場合とでは、大学としての対応も異なってくる。実習担当教員から参加の可否について判断を迫られる場面も生じるが、基本的には「この学生が参加して十分な教育的成果をあげるためには、大学としてどのように対応し、変化しなくてはならないのか？」という発想の転換が求められるであろう。発達障害のある学生にかかわる教職員がそれぞれの立場から意見を交換し知恵を出し合い、学外の実習指導者と相互連携をはかる必要も生じる。その背景には、障害を抱えていようとも彼らには学ぶ権利があり、他の学生たちと等しく体験の機会を得て成長していくことが望ましいという基本理念がある。

本章では、発達障害（とその傾向をもつ）学生が、学外実習への参加に際して、どういった事態が生じるのか、また彼らを支援する大学関係者にどのようなかかわり方や配慮が求められるのかについて考える。そこには正解は存在せず、カウンセラー自身も迷い揺れている。こういった種々の課題を事例から描き出し、浮き彫りとなってくる問題点や対応への工夫について検討を加えていく（なお他章と同様に、実践を基に創作された架空事例であることをあらかじめお断りしておく）。

事例1　つながりの実感

松田君は広汎性発達障害という診断をもつ。高校では複数の教員から特別な支援を受け、晴れて志望大学に入学した。彼の属する言語文化学科は一年生の秋に三週間のカナダへの語学留学が必修となっていて、教職員の引率のもとに全員が参加しなければならない。要は正式カリキュラムとしての海外研修であり、期待される語学力も相当に高い。

松田君との出会いは、入学前にさかのぼる。大学合格発表の直後、三月上旬のまだ寒い時期に、学科事務を通して母親からの電話が学生相談室に転送されてきた。小学校入学前に広汎性発達障害と診断され、以来専門機関に通い中学高校では特別な配慮をしてもらって学校生活を続けてきたことなどを簡潔に述べた後、母親は「それと……」と少しためらいながら言葉を継いだ。

「外では我慢することも多く、時々パニックを起こします。以前、からかわれて暴れ、教室のガラスを割ったり、相手を殴ってしまったこともありまして。家では緊張がとけるせいかブツブツ独り言を言って歩き回っています。大学の中で相談できる場所を探していたら、知人に学生相談室があるのでは、と教えてもらいました」

感情を抑えた淡々とした母親の語り口調の背景にある長年にわたる人知れぬ苦労を思いながら、私は入学前に学生相談室に連絡をくれたことに対して、率直に「よかった……」と感じた。

入学式の終わった午後、早速学生相談室に松田君親子を案内してくれたのは学科事務の並木課長であった。彼女は勤続三〇年を超える恰幅のよいベテランの女性管理職で、発達障害への理解も知識もあって、連携はいつもスムーズである。松田君は膨らんだデイパックを背にして、緊張気味の表情で私の前に現れた。がっしりとした体型で、ショートカットのきゃしゃな母親と並ぶと、どことなく恋人を守る若いナイトのようにも見える。邪気のない素直さが印象的で、母親から経過が一通り語られると、待ち構えたように私に尋ねてきた。

「あのー、ここって、僕みたいな人でも来ていいところですか？」

「ん？　どういうことですか？」

「僕はしゃべるとこんなふうに変だし、周りとコミュニケーションをとるのができない質なんですよ。だからここに来ました！　来た理由としては、主に母に勧められたからです！」

声が大きく、語尾が強調される独特の口調は少しコミカルにも響く。私の頭の中では思わず感嘆符が踊りだしたが、それを打ち消し、もう少しで口元が緩むのをぐっと押さえた。それにしても、並々ならぬ本人の努力と家族や周囲の根気強い支えがあったからこそ、大学まで進学してきたに違いない。私は改めてこの親子を見つめなおした。それから松田君に、毎週時間を決めて会いたい意向を伝えた。彼は「はい、もちろんですとも！　いいですよ！」と答え、私たちは毎週木曜の午後、面接室で向き合うことになった。

面接では、予想通り毎回小さな事件が報告された。教室を間違えて他学部の授業を受けてしまったこと、買ったばかりの定期券をなくしたことなどなど。面接室のソファに座るとまず松田君は手帳とノートとを取り出し、しばらく見入ってから「ハーッ」と大きなため息をつく。

「ああああー、レポートは難しい……大学はほんとに大変です！」

両手で頭を抱えうめくこともある。次第に、彼の学生生活は母親に深く支えられているということがわかってきた。中学生のころ学校で暴力行為に及ばざるを得ない事態になって以来、彼は頭の中が混乱するとすぐさまメールで母親に連絡するという対処法をとってきた。それが学校に迷惑をかけまいとする親子の取り決めであるようだった。面接中も答えに窮すると、「それでは母に聞いてみます」とすかさず携帯電話に手を伸ばすのを、私は何度も制した。

ひと月ほどすると、松田君の不安の中心はカナダ研修へと移った。彼が母親と離れ、未知の環境で三週間も暮らすことはどう考えても冒険である。オリエンテーションはすでに開始されていた。松田君の修学や海外研修に関して学科との話し合いの場をもつ必要があった。私はこれまでの経験からあえてすぐに連絡するのを控え、より自然なタイミングを計っていたが、その機会は意外と早く訪れた。彼が研修資料の入った封筒を紛失するという事態が生じたのである。

「ああ、もう大変だ……どうしよう。髙橋先生に見てもらおうと思っていたのに、資料がなければ説明ができませ～ん」

両手で頭を抱えたままの松田君に了解を求め、私は面接室の内線電話から並木課長に連絡をとった。すぐに予備の資料一式を抱えた若い男性職員が息せき切って学生相談室にやってきた。「島岡です」と名乗り「毎年引率を担当しているので、何でも聞いてください」と言いながら、表情はなんとも不安気だった。実体のない診断名だけが一人歩きし、誤解が生じてはならない。私は学科と連携する段取りを急いだ。

五月中旬。学生相談室は連日学生の出入りが激しいため、連携場所には学科資料室を借りることにし、島岡さんが手際よく手配してくれた。私はあらかじめ松田君に連携の意図を伝え、意思を確認した。

「松田君は誰に来てもらったら安心ですか？」

「はい、それはもうたぶん……うーんと。ちょっと待ってくださいよ」

彼のこの「ちょっと待ってくださいよ」は、頭の中がごちゃごちゃした際に混乱を鎮め、相手に不審がられず時間を稼ぐための彼なりのマジックフレーズであった。

「えっと……そうだ！　まず、引率する教授ですね。それからいつも説明会をしている、ええと、名前は忘れましたが若い男性ですね。あとは母が同席します。髙橋先生はもちろんいてくださいよ！」

こうして、松田君、母親、教務担当教員、引率責任者の安達教授、島岡さんに私の総勢六名が学科資料室に集まった。松田君の障害や経過について母親が話した後、私から補足した。引率三度目の島岡さんが現地の様子を細かに図示してくれたので、松田君の理解も促された。問題は二人部屋が原則となっていることだった。何とか彼だけ個室にできないかという話し合いが続いた。

「一人だとひきこもって出てこなくなることもありますし。それに自傷行為だとか暴れるだとか、いろいろあっても心配ですからねぇ」

四〇代前半の生真面目そうな教務担当教員は、以前海外研修で学生を引率した際の実例を挙げ、個室案には慎重であった。しかし松田君に限っては、これは少々的外れな心配といえる。私は彼にはひきこもりや自傷などの心配は無用で、疲れたときに気兼ねなく過ごせる空間が必要であることを強調した。彼なりの生活の仕方があって、おそらくそれは同室者にとってかなり負担になることだろう。それよりも、空港や駅、街角で何かに興味を奪われて迷子になったり、大事なものをなくしたり、予期しない予定変更が生じた場合の対応を想定しなくてはならないことを伝えた。それからは海外で起こりそうなハプニングについて、さまざまな角度から綿密に検討された。腕組みをしながらやりとりを聞いていた安達教授は、穏やかな口調でこう切り出した。

「まあわれわれも初めてのことですし、一つひとつが勉強です……できれば現地スタッフにも松田君の障害のことを事前に知らせておいた方がうまく対応してくれるんじゃないかな。松田君、そうしてもいいですかね」

松田君は「うーん」と考え、少し困った表情で「ちょっと待ってください」と下を向いた。沈黙が続き、取り囲む大人たちは神妙な面持ちで彼の返答を待った。

「先生には言ってもいいです。それから職員の人もいいです。でも学生はだめです。僕が障害っていうことは絶対言わないでほしいです！」

訴えの奥にあるものが、私には痛いほど伝わってきた。「僕が変だということがバレてしまったかもしれない」と気に病む松田君の脳裏には、いじめられたときの悔しさや恐怖が今も鮮明に焼き付いているのである。

「わかりました。教授会では報告しますが、学生スタッフには言わないことにします。それでいいかな」

一つひとつ松田君の意思を確認しながら進められていく暗黙のルールが定まって、私はほっとしていた。「大学で困ることがあったら学生相談室に来れば必ず誰かしらスタッフがいて対応できるから……」と常々彼に伝えていたこともあって、私は「現地で困ったとき相談する人の順番を決めてみたらどうかな？」と提案してみた。すると松田君は「まず安達教授、次に島岡さん」と今度は即答した。移動の際は、一番前でもなく後ろでもない位置を歩くこと、予定変更はメモで渡すなどを決めるころには、松田君の緊張は緩み、教務担当教員も安堵の表情を見せた。親子が退室したあと、さらに今後の彼の学生生活について意見が交わされた。皆が関心をもったらしいことは、身を乗り出して質問する様子からもうかがえた。「ぜひノートテイクなどのサービスを利用するようにと伝えてあげたい」と先ほどまで受け入れに否定的だった教務担当教員までが積極的になった。

私は彼が今のところノートをとることに困難はなく、人によって必要な手助けは異なることを伝えた。彼もいずれ社会に出て行かなくてはならない、こちらが手を差し出しすぎないことも大事なことではないかと、初対面ではあったが、私は思い切って率直に伝えてみた。彼を理解しようとすることは、私たち支援者が互いのかかわり方について理解しあうことでもあった。こうして二時間半に及ぶ打ち合わせは終了した。資料室を出る際、教務担当教員がつぶやいた言葉が耳に入ってきて、私は驚いた。

「彼のような学生がうちのゼミに入ってくれたらなあ。他の学生にとってもいい体験になるだろうし……」私はこの連携によって、学科に新しい動きが生じることを心密かに期待した。

毎週グループごとに行なわれる研修の事前学習はハードではあるが、松田君は浮きあがることもなく何とかついていっている様子であった。面接では、何度も持ち物リストを取り出して、私の前で大きな声で読み上げ「〇〇よしっ！　××よしっ！」と一つひとつを確認した。こうして彼は三週間という長い海外研修に出発した。不在の間、私は何度か彼のことを考えた。無事にやれているのだろうかという心配とは別に、次の面接が待ち遠しくもあった。

一か月後、松田君はいつものように予約の二〇分前に受付に現れた。表面上特に変化は見られない。面接室で向き合って座ると、彼は「それでですね」と身を乗り出した。「大変だったんですよ！」

まず、空港で心配になって開けたトランクが、中身の多さに閉まらなくなって騒ぎになったこと、現地での一人部屋は快適だったが、洗濯機の使い方がわからずあちこちいじっていたら壊れてしまったこと、最大の事件はグループ活動中の観光地の人混みでスリに遭い、財布を抜き取られてしまったことであった。気づいた途端固まってしまった松田君に代わって、グループリーダーの男子学生が携帯電話で安達教授と連絡をとり、現地の警察に被害届けを出し、グループの皆で話し合って、宿舎までのお金を出し合ってくれたという。

「僕はみんなに助けてもらいました。あのとき助けてもらえなかったらどうなっていたかわかりません。人に支えてもらっているのだなあと、本当に今回僕は痛感しました！」

海外の観光地にいて、ちょっと風変わりな友人を囲んで皆が知恵を絞りあい支えている。そんな一八歳の青年たちの姿を想像し、私はなんだか胸が熱くなった。私は彼に「行ってよかったですか？」と尋ねた。彼は「もちろん！」と大きな声で明るく答えた。こうして松田君は、言語文化学科の学生の一員として、周囲に支えられながら学生生活の第一関門を無事にくぐり抜けたのである。

事例の理解

この事例の特徴は、幼少期に広汎性発達障害という診断がなされ、家族がそれを早くから受け入れ、本人も「僕はコミュニケーションが苦手な質」など、困難の内実を自覚し言葉で的確に表現している点にある。中学入学時に発達障害者支援法が適用されたこともあって、彼は学校でのさまざまな困難にもその都度対応してもらうことができた。うまく事が運ばないことへの自覚とそれが何に由来するのかについて、本人も家族もある程度の見通しがもてていたことは大きい。そしてそれは大学に入学後、多職種が共通認識をもってかかわる際の基盤ともなった。多くのケースでは、連携の手前で担当者が当惑し、発達障害とはこういうものだと決めつけてしまう。その結果、本人の自尊感はさらに低められてしまいがちである。

一方、初めて出会ったとき私が受けた、松田君と母親とがどこか分かち難いペアであるかのような印象は、母子関係における彼ら特有のある側面を捉えていたともいえる。彼は外見的には一八歳の青年だが、母子分離という意味では小学校低学年くらいの幼さであった。私にはそうならざるを得なかった背景については十分納得できたが、一方このままでは彼が今後社会参加していく際に差しさわりとなるとも考えた。母親が何とか息子に自分で解決できるようになってほしいと願っていることは話を聴いた感触から明らかであった。パニックを起こしかけると母親にメールで助けを求める対処法は、海外研修をきっかけとしてその後格段に減り、松田君は徐々にその場にいる人に直接聞き、助けを求めることができるようになっていった。

さてこの事例の最大のテーマは、海外研修が必修単位だったことにある。どのような障害があっても、卒業までの必要な支援を提供することは、大学としての責務である。一方、学外実習・留学・研修が挫折体験になったり、一歩違えば他の学生をも巻き込む事態に発展してしまうなどの危険性もある。行動上の特性ともいえる不注意から生じる予期しない事故、対人関係のトラブルなどにも配慮しなければならない。学外、とくに海外にあっては、瞬時に判断を迫られることもある。その意味で、引率責任者である安達教授は支柱ともいえる存在であった。

私たちが発達障害のある学生に対して「何をしなければならないのか」、逆に「何をしないで見守るか」を適切に判断しながら進めるための要点は、ひとえにその学生固有の困難さ、生きにくさをどれくらい具体的に見立てられるかにかかってくる。独特の生きにくさを抱える学生を学外に送り出すにあたって、予測される事態について関係者が話し合い、対応策をあらかじめ検討することは十分可能であり、有効な備えとなる。その際本人や保護者が同席し、その意思が尊重された上で自己決定するプロセスが大切となる。さまざまな知恵や工夫は、当人の生きていく上での必要性から意外と本人が適切に編み出しているものである。それを皆で共有し、後押しをする。なによりも本人が納得できるルール化を、本人の意志を尊重しながら皆で築いていく姿勢が求められる。

カウンセラーの対応

私は、松田君との面接を通してその内的世界を理解することに努めた。彼の個性は独特ではあるが、実に愛すべきものであった。それは、私が彼の母親と早い時期に会うことができたことも関係している。彼がいかに愛され大切に育てられてきたのか、家族にどれほどの葛藤があったのか、また彼が期待に応えようとこれまでどれほどの頑張りを重ねてきたのか、カウンセラーはそれらをどのように受け止め、扱っていかねばならないのか。そのヒントとなるものが母親面接から伝わってきた。今日巷にあふれんばかりの書物や情報から、私たちは発達障害について知的に理解することは容易にはなった。しかし彼らの生きる世界に直に触れて感じ、彼らの視点に立って考えることは相変わらず困難である。本当の意味での「生き生きと知る」とは、彼らと接するときの「えっ?」という新鮮な驚きがベースとなる。学外実習に際して、学科教員との調整や連携、情報共有などを整える際、それらをシステムとして一般化するより前に、まず松田君固有のオーダーメイドの対応が肝要なのである。私がカウンセラーとして心がけたことは、学科との自然な連携のタイミングを待ったこと、連携の場におけるわかりやすい言葉遣いや具体性のある対応によって学内支援者が対応する際のモデルとなることであった。さらに、過剰な支援は本人の自律や自立への妨げとなってしまいかねないため、やんわりとした抑制も役割のひとつであった。熱心な教職員ほど、過度に手を差し伸べてしまいがちである。おそらく保護者は、自分たちがいずれ彼らの元を去り手放さなければならないという厳しい現実をも見越してわが子とかかわっている。障害のある子への親の思いは、善意からの行為よりもはるかに重く、また深いことを肝に銘じておきたい。

しかし私もまた、松田君の衝動のコントロール力、日常的なコミュニケーション能力への見立てにおいて、一筋縄ではいかない難しさを感じていた。初めて三週間親元を離れ、目の前の困難に一人で立ち向かわなくてはならない事態がどれほど大きな体験だったかは想像に難くない。しかし成長のプロセスは日常を離れたところに生起する。若者が飛躍的に成長を遂げるためには、時にギリギリの危険性とも隣り合わなければならない。その成り行きの全体を見守るのもカウンセラーの役割のひとつであろう。松田君も事故にこそならなかったが、異国で現地警察の世話になるという事態が生じた。しかしそこには同時に彼をとりまく何人かの学生とのふれあいが生起しており、彼は危機を通して友人（他者）に助けてもらったという体験や人とのつながりへの実感を得て、これまで経験したことのない喜びや自信を得たものと思われる。数か月がかりで、学生を小グループに分けさまざまな事前学習を積み重ねるという周到な備えがあってこそ、海外でのとっさの事態においてもリーダーの学生を中心として、皆で彼を支える機能を果たすことができたのである。研修や実習での現場体験はかかわる人の数も多く、ダイナミックで生き生きとした実感をもたらす。カウンセラーはこれらに目を止め、彼らの成長や自信へとつながるよう、逐次面接で取り上げることが必要とされるであろう。

事例2　夕暮れの空の色

由紀さんは大学二年の夏休みが終わる直前に学生相談室にやってきた。申込用紙には「人とうまくいかないこと。教職を取るのをやめようか迷っています」と書かれていた。夏休み前から授業に出ていないという。何となく名前に見覚えがあるような気がして、私は受付担当者に調べてもらった。やはり教職課程事務の西田さんから以前相談を受けた学生であった。

「介護等実習に毎日遅刻してきて、注意しても直らないしあいさつもできないのです。実習記録も出さないし、これでは困ると先方の担当者が電話してこられました。何度か呼び出したのですが、授業にも出ていない様子で。そちらに相談に行っていないでしょうか？」

西田さんは対応に苦慮していた。私はエピソードを聴きながら、その女子学生が自閉症スペクトラムに位置づけられるように感じたが、もちろんその見立てを即座に伝えることは控えた。

「もしかすると、注意したり怒ったりしてもうまく伝わらない傾向をもつ学生さんかもしれませんね」

「というと？　どうすればいいのでしょう……」

「うーん、そうですね。実習の単位が取れないとなれば、本人もきっと困っているでしょうし、教職資格をどうするか学生相談室で相談に乗ってもらったら、などと勧めていただければ」

おおよそこのようなやりとりだったと記憶している。由紀さんと実際に会ってみると、私は「やはり」と合点がいった。小学生の男の子のようなショートカットにノーメイク。チェックのシャツはボタンを一番上まで留めている。表情を崩すことなく、体全体からカチンと音が出そうな女子学生だった。面接室のすわり心地のよいソファに腰掛けても緊張は一向に緩まず、彼女は目を伏せたまま一本調子で抑揚のない語りを延々と続けた。それは私の存在などまるで目に入っていないかのような奇妙な語り口であった。彼女は毎回細かな文字で埋められたメモを膝に置き、斜め下を向いて独白のように切れ間なく、一方的に延々と語り続けるのだった。

由紀さんは幼稚園のころから集団で遊ぶことが苦手だったという。最初の幼稚園はすぐに行けなくなった。次の幼稚園は幸いにも自由保育で、好きに過ごすことができた。毎日砂場の隅でひたすら穴を掘り、園庭の大きな桜の樹と空を眺めていたという。小中高と教室では無口でおとなしい子だったが、いじめられ仲間外れにされたことが今も鮮明な傷として残り、時にフラッシュバックのようによみがえるらしい。日常生活では、どのように振る舞っていいのかがわからないので、とりあえず周囲に合わせ、常に緊張したまま他の人とは違う自分を隠すことにエネルギーを費やし、精根尽き果てて抑うつ状態に陥るというパターンを繰り返していた。

専攻の児童教育学は小学校教諭と幼稚園教諭の資格取得を推奨していて、四年間で長期間の実習を何度も行ない、実習中は毎日記録を提出する。それを講義、実技科目、レポートに試験と過密スケジュールの中でこなさなければならない。「雑談は苦手。人と一緒にいることがそもそも苦痛」という状態では、資格取得は到底困難であると思われた。なぜこのような学科に……と思うが、実はそれほど珍しいことではない。幼少期から他者とのコミュニケーションに悩む学生が、それを克服しようとして対人援助に関係する学科を選んで入学してくるケースは意外と多いのである。

私は授業には出られないという由紀さんと毎週面接室で会い続けた。随分長い間私は彼女の視野には入れてもらえず、ポツンと置き去りにされている気分だった。面接が二四回目となったとき、私は彼女の膝の上にメモがないことに気付いたが、その日初めて私の存在が彼女の視野に入れられたように感じた。私は中断となった介護等実習について、彼女がどのような体験をしていたのか尋ねてみた。

「緊張していたので何をしていたのか全く覚えていません。記録を書かなくてはならないのに、何も浮かんでこなくて。家に帰ってから、机の前で三時間くらいボーッとして、それでも一行も書けませんでした。実習ではなぜか毎日怒られてばかりで。自分でも何がいけないのか、どうしたらいいのかわからなくなって。感じたことを書きなさいと言われても、感じるってどういうことかわからないんです」

由紀さんは黙って涙を流した。それからの面接は、由紀さんが感じている何かについて、カウンセラーがそれを拾い体感を促すという形で進んでいった。ある日の面接で、彼女は緊張しないでいられる自分の状態を「赤い夕陽に照らされている空の色のような気分」と表現した。

さらに、どのようにふるまったらよいのかわからないという由紀さんに請われて、あいさつの仕方や買い物での店員とのやりとり、また人からの誘いを断る場面についてロールプレイを行なうこともあった。結局教職課程の教員と何度か話し合った末、由紀さんは教育実習を辞退することに決めた。実習先に迷惑がかかることは極力避けたいという大学側の思惑もなくはなかったが、それ以上に由紀さんが「これ以上自分に合わないことをして苦しむのは嫌です」と明確に宣言したからである。そのことに大きな抵抗を示したのは両親だった。由紀さんの両親は教員で、娘を教員か公務員にするために大学を選んで入学させたのである。それだけに、娘が資格取得を諦める決断をしたことに父は落胆し、母は怒りを露わにした。

「自分に向かないことはしたくないし、これからは自分らしく生きることに決めたから」

由紀さんは初めて両親にこう伝え、次第に自分の好き嫌いについても言語化できるようになった。しかし独特の内面世界が表に出た際の、その一方的な捉え方や表出の仕方にまつわる予測できないトラブルの危険性について、当時の私はまだ十分理解していなかった。

四年生になる直前、由紀さんは春休みに行なわれるアジア美術の海外体験実習の申し込みをした。それは大学主催の海外実習で、参加者の中心は美術科の学生たちである。由紀さんはどうやら引率担当の松岡教授が気に入って、それが参加への動機になったようである。その松岡教授が、夕方遅く学生相談室を訪ねてこられた。

「実は毎日長文のメールが送られてきて、対応に苦慮しています」

「はっ？」

寝耳に水とはこういうことだろう。大量メールの発信者は由紀さんだった。ただ、私にはどこか妙に腑に落ちるところもあった。

「質問で研究室に来るのは構わないのですが、ゼミ生たちに混じって隅でじっと長時間座っているので、どうしたものかと……」

「そうでしたか……」

顎鬚の似合う松岡教授は穏やかな口調ながら、その表情には困惑と苦渋とがにじみ出ている。私は由紀さんの硬い横顔を思い起こしながら、メールについて考えた。おそらく関心を抱いたことについて先生に伝えたかったのだろう。だがその加減がわからないため、過剰なメール量で相手を困惑させてしまったのである。

「先生が困惑されるのはもっともなことです。たとえば『質問は五行以内にしてください』など明確な助言をしてあげた方が彼女には伝わりやすいのかもしれません」

「そのようにしてみます。傷つけてしまってはと心配だったので……」

松岡教授は安堵の表情を見せ、さらに申し訳なさそうに加えた。

「現地では体験したことついて、毎日何らかの表現をするという課題があって、参加学生の多くは彫刻や工芸品を模写したり、デッサンしたりするのですが、彼女は大丈夫でしょうか……」

課題について伝えたが、特に拒否はされなかったという。とはいえ、何とか由紀さんの参加を受け入れようとする意思が伝わってきて、私は内心ほっとした。由紀さんはその後も面接で松岡教授への大量メールのことは一切語らなかったし、私もあえて聞かなかった。そして予定通り、春休みに入ってすぐに七日間の実習に出発した。帰国後、私は由紀さんに「体験を表現する課題」について尋ねてみた。すると相変わらず硬い口調で彼女はこう答えた。

「写真が好きなので、私は写真で表現しました」

表情こそ動かなかったが、十分に楽しんだらしいことは伝わってきた。他の学生がデッサンをする中で、彼女はひたすら毎日写真を撮っていたらしい。次の面接で、由紀さんは五〇枚ほどの写真を持参した。空に浮かぶ雲、石碑やただの石（としか私には見えなかった）、一直線に延びた道といった無機質な写真の中に目を引く一枚があった。それは手拭いで鉢巻をした汗だくの松岡教授のドアップの横顔であった。

「これは？」

「松岡先生です」

「そうみたいですね……撮ろうと思ったのは？」

「なんとなく面白いなって思って、それでシャッターを押しました」

独特な視覚的感覚の世界に住んでいた由紀さんだが、今内面で何かがうごめき、生身の人間に関心を示し始めている。それは少々見当違いな形で表現されるが、私には素朴な驚きであった。さらに私は赤く染まった夕暮れの空の写真を見つけ、以前彼女が語った「緊張しないでいられるときの感じ」とはこういう空の色のことを言うのだろうなと理解した。そして、その後卒業まで面接は続いた。必修の卒論では苦労しながらも、小学生のころ好きだったという童話をテーマに選び、丹念に読み返しては、自分の気持ちに触れたことを面接で言葉にするという作業を重ねて、何とか期限までに書きあげた。

「実習も資格もあきらめたけれど、大学に来てよかったと思います」

少しだけ和らいだ口調でそう言い、由紀さんは卒業した。就職は決まらず、数か月後アルバイトで宅配の仕分けの仕事をしているという便りが私の元に届いた。

事例の理解

由紀さんは幼いころから基本的に人との関係をうまく結ぶことができなかった。幼稚園で初めて集団生活に接してすぐに退園となるが、おそらくそのずっと以前から、他者はもちろん母親ともコミュニケーションを図ることが難しかったと推察される。人とかかわることなく樹木や空を眺める娘を案じたからこそ、両親は安定した職にと願ったのだろう。しかし、資格取得には対人関係を基盤とする実習が課せられており、由紀さんはその最初の段階で困難さが露呈してしまった。実習現場での度重なる遅刻にも彼女なりの背景があり、感じるということがわからないという彼女にとって、実習記録を書くことは拷問に等しかった。その状況を回避するために実習から撤退してしまったのである。私はそこに独特の閉じられた世界を感じ、同時に一方的なコミュニケーションの在り方から自閉症スペクトラムを想定した。しかしそれはあくまでも想定であって、断定ではない。人とかかわる実感から程遠い世界に生きてきた彼女は、面接の場でも私と視線を合わせることはなく、淡々と独白のように語り続けた。ある日彼女はメモを持たず面接にやってきたが、それは私との間に相互的関係の成り立つ素地がようやく少し整ったことを意味している。人は安心できる空間に身を置いて初めて他者の存在に気づき、自分自身の姿をあらためて眺めたり感じたりすることができるのである。

しかし、今度は周囲が当惑するような一方的なメールを送り続け、自分の気に入った教授の研究室に居座るという行動が示されるようになった。独自の感覚からしか世界とかかわることができないために、他者がどう感じているか、自分がどう見られているのかに気付かないのである。そうした由紀さんの内的世界を「独特の個性」として許容し理解しようとした松岡教授の存在によって、彼女は海外美術研修に参加することができた。そして、その学外実習体験から写真という形で「独自の感性」を表現する術を見いだし、卒論では、自分自身の気持ちに触れそれを言語化する力を育んだものと考えられる。これは実体験を通して、彼女が感じていることやイメージを表現することへの何らかの手がかりを得た証ともいえるものであった。

カウンセラーの対応

由紀さんの事例は、周囲が対応に苦慮していたことが特徴的で、本人より先に実習担当職員が学生相談室とかかわりをもつことになった。教職実習は断念したものの、海外研修への参加が認められ自己表現を試みたあたりが転換点ともいえる。ストーカー的な行動化が見られはしたものの、カウンセラーの見立てによる具体的なかかわり方を伝えたことで、教員も理解を示し対応が可能となった。

その後由紀さんは、カウンセラーの関与によって、長い間触れられることのなかった「独特の感覚」に少しずつ触れることができるようになっていった。さらに海外研修に参加することによってそれをイメージとして視覚化し、自己表現はさらに豊かなものとなった。それは、自分の感覚に触れたり、その感覚を他者に伝え理解してもらう体験に薄かった彼女が、独特のものの感じ方、見え方を確認していくプロセスでもあった。その際、急激に人との深い関係を体験することは脅威となるため、カウンセラーは、過度に侵入し過ぎないようそっと寄り添い、安全感を確認しながら彼女の感覚に触れ、ゆっくりと表現するように促すことを心掛けた。こうして、由紀さんはうっすらとではあるが人との関係性を積み重ねる体験を通して他者の存在する世界に自らを少しずつ開いていったのである。

この事例においては、筆者は彼女を発達障害と断定したり決めつけたりはしなかった。ただ、独特の感覚をもち他者との関係性において、強い個性と障害との境界線上にいる自閉症スペクトラムという見立ての軸が役立ったと考えている。

支援のポイント

本章のテーマである学外実習・留学・インターンシップは、学生にとって大学という守られた世界から外に出て、未知のものに触れ新しい体験を積む機会となる。それは親や教師など保護や指針を与えてくれていた存在を離れ、自分自身で対処する試練の時であり、変容の時ともなる。発達障害のある学生たちは、サークルやアルバイトといった社会とつながる体験の機会を得ることが困難な面もあるため、学外実習は得難い実体験のチャンスともなる。しかし同時に思い込みから生じる衝突や混乱、意思疎通の困難さや多様な人間関係によるストレスが衝動的な行動として現れ、実習先で指導に当たる担当者が負担を感じたり疲弊することにもなりかねない。大学にクレームが寄せられることも想定されるため、事前に大学関係者が現場に出かけ、本人も交えて実習指導者と意思疎通や連携をはかるといった対応も必要となる。さらに学外でトラブルが発生してしまった場合にも、発達障害について正しく理解を求め、対応について関係者が話し合う場を設定し、環境調整を図るなど専門的なコーディネート役が求められる。その際カウンセラーは、彼らの内的世界の理解者となりつつも、外的環境への働きかけや調整を担うのである。

一方、学外実習や研修では、短期間で密度の濃い関係性が生じる。それらは発達障害（とその傾向をもつ）学生にとっては脅威となる反面、成長の機会や保護者からの分離の契機ともなる。カウンセラーは彼らの自立にかかわる課題を的確に捉え、密にならざるを得なかった両親との関係を深く理解しつつも、学外実習という社会との接点に立って、親からの分離への道筋を促す。

今日、発達障害（とその傾向をもつ）学生の多くが、就職活動でのつまずきや困難をきっかけとして、先延ばしされてきた社会適応上の課題に直面させられる。本格的な就職活動に先んじて、インターンシップでの社会体験が、自身のコミュニケーション障害や問題点に気付くきっかけとなる可能性も高い。学業成績に秀で、本人がインターンシップを希望しても、社会性の問題から大学として責任をもって送り出すことができないという事態も生じる。こういった場合、誰がどのような立場からその学生にかかわっていくのかは、今後の課題であろう。

発達障害のある学生を学外研修に送り出すことは、確かに彼らの体験の場を広げ自己理解を深めることにはなる。ただ、実施前と実施後にきめ細やかな教育的配慮を必要とするため、大学としての基本姿勢が試されることは否めない。私たち支援者側にも高い専門性が求められ、同時に密な連携体制が必要とされるが、その際、何よりも学生本人を中心としながら、周囲の支援者が柔軟性をもつことが望まれる。大学では今後ますますこのような学外実習プログラムが企画されていくであろうし、発達障害（とその傾向をもつ）学生の参加も増えていくであろう。その際、かかわる者には、彼らの誕生から現在までの育ちと、これから社会で歩む人生との両方を見据えた、長いライフサイクルの中で彼らの実体験を見守る視座が求められる。

発達障害のある学生もまた、学生生活を通して成長し発達を遂げていくことにおいては、他の学生と何ら変わりはない。学外実習体験は、いまだ発達障害のある学生の視点から取り上げられることの少ないテーマではあるが、こうした実体験の機会がその後の人生における土台となることは確かである。私たち専門家は、今後も知恵と工夫と粘り強くかかわる姿勢とを共有しながら、経験知を積み重ねていかねばならないと思われる。

文　献

河合俊雄編著　二〇一〇　発達障害への心理療法的アプローチ　創元社
斉藤清二・西村優紀美・吉永崇史　二〇一一　発達障害大学生支援への挑戦――ナラティブ・アプローチとナレッジ・マネジメント　金剛出版
田中千穂子編著　二〇〇九　発達障碍の理解と対応――心理臨床の視点から　金子書房

第7章

就職活動——具体的な就労に向けて

岩田　淳子

はじめに

発達障害者への就労支援には課題が多い。大卒の発達障害者に特化したものではないが、発達障害者支援センター利用者や親の会会員を対象とした就労実態調査からは、高等教育を受けた人が多くなっている傾向があるにもかかわらず、就労している人の割合は少なく、雇用形態も非正規雇用という厳しい現実を知ることができる。学生相談の中で、就職が決まらないまま卒業していく学生を多く見送っていることもまた厳然とした事実である。

発達障害に限らず就職活動の厳しさは深刻である。その原因は、雇用情勢の悪化、大学生数の大幅な増加、企業側が新卒枠を絞っていることなど、就職活動の構造的問題との指摘もされているが、殊更、発達障害のある学生の初職入職困難は、障害特性に大いに関連していると言わざるを得ない。履歴書やエントリーシートに何をどのように書くか。面接では、いかに練習を重ねたとしても限界があり、採用担当者とのやりとりの中で臨機応変な応答が求められるのは必至である。そして、膨大な情報から企業を選択し、エントリー、説明会、選考という作業を複数かけもつスケジュール管理と健康管理は、定型発達の学生をしても心身に不調をきたすほどの過程である。

首尾よく就職を果たしたとしても、新しい環境に慣れ、求められる職務を遂行するだけの能力（ハードスキル）が不足していたり、職場でのマナーやコミュニケーション、ストレスや怒りのコントロール（ソフトスキル）がうまくできない、障害特性に起因する体調管理の難しさにより、離転職を繰り返す場合が多いことが知られている。望月（二〇一〇）は職業選択のための支援について「在学中に障害特性を補完する手段や方法が確立されて一般扱いで就職する生活設計を描くことに無理がない場合はともかくとして、一般扱いで困難が大きい場合には、特性に相応した専門的支援を提案することが必要」と述べている。が、ことはそう簡単には運ばない。

大学生といえども、障害特性の程度はもちろん、診断の有無と時期、支援につながる契機と時期、大学入学前の適応状況、大学生活の過ごし方、二次障害の有無と対処、家族の中での位置、自己理解の幅と度合いなど、個人によって大学から社会への移行支援の在り方は大きく異なる。

そもそも並行作業の困難が障害特性の特徴の一つであり、就職活動のみに専念できるところまでの支援にかかりきりになることも少なくない。ましてや、職業リハビリテーション支援を利用する選択は、大卒という資格を手に入れた以上、高いハードルとなる。

事例1　普通の就職活動

学生獲得のためのPRポイントあるいは昨今の就職難により、大学は就職支援に熱心だ。ここ数年定員割れを起こしているこの大学でも、入学直後のプログラムに就職ガイダンスが組み込まれている。

彼との出会いは、入学式後のオリエンテーション期間だった。サークル勧誘で賑やかな、どこか浮足立った雰囲気のキャンパスを歩いていると、少し甲高い大きな声で新入生の男子学生が話しているのが見えた。対応している先輩学生は苦笑しつつ聞いており、周囲の学生は面白がっている様子だ。私はわざと近くをゆっくり歩いてみた。二〇年前の中学生のファッションに黒縁眼鏡の細身の彼が、第二次世界大戦後の政治史を絡めて現在の経済問題を語っている。大きすぎる声と身のこなし、周囲の反応への無頓着さ……。私は自閉症スペクトラムの学生に違いないと思った。が、その場で声をかけるわけにもいかず通り過ぎたのだ。だから、新入生対象の就職ガイダンスの日に、彼、松宮敬一が学生相談室を訪れたときには、「来た！」と思ったものだ。相談申し込みカードの相談内容欄には「就職について」とある。入学早々に、就職できるのか、なるべく安定した企業に就職するためにはどのように大学生活を過ごすべきかなどの相談内容で訪れる学生は珍しくはない。しかし、松宮敬一の場合は少し違った。

「終身雇用、年功序列が崩壊した日本において、僕が就職した会社で業績の悪化によりリストラが行なわれた場合、僕のように能力のない人間が果たして人員整理の対象にならずに会社に残れるものでしょうか」というのだ。私の眼を見ているようでもあり、その奥のどこかを見ているような、そして目線が流れる。松宮君は小泉内閣の構造改革からさかのぼり、戦後の高度経済成長時代の政治問題、時の内閣の閣僚、評論家がどのような話をしていたかに至るまで、的を得ているような、なにやら論点がずれているような話を延々と続けた。

「松宮君はよく勉強しているのね。高校で勉強したことなの？」私は話をさえぎった。

「県立森山高校で公民の酒井先生は谷丘出版の教科書と岡沢教育社の資料集を使っていました。資料集には池田内閣の写真が出ていましたが、所得倍増計画を提案した下村治は……」

「もしかして松宮君は教科書や資料集、全部覚えていたりして？」

「はい。本を読むことが好きなので、いつも読んでいて大体頭に入っています。そして……」話は再び一九六〇年代の経済の統計的な話になろうとしていたが、「ごめん。話止めて悪いけど、その就職した会社でリストラ対象になるのではないか、って話はどこから出てきたの?」私はなんとか「主訴」に話を戻した。

「うちのお父さんはバブル崩壊後にリストラ対象となり会社を辞めることになりました。お父さんから、お前のような人間関係が下手な奴は会社としては遣いにくいだろうから、大学ではしっかりと勉強し、即戦力として必要となる資格を取得しておくべきだ、と言われています。簿記検定と情報技術者検定を取得するために勉強したいと考えています」

「なるほどね。松宮君はお父様の経験とアドバイスから企業でリストラに遭わないかということが心配になったのね。大学ではしっかり勉強しようと思ったわけだ」

「はい、人間関係能力も大切です」

「人間関係能力ね……。松宮君が将来を見据えて今考えていることはとても大事です。ただ、大学は高校までとは授業のやりかたや生活もかなり異なりますから、まずは大学での勉強や大学生活に慣れていくことから始めませんか」

こうして、松宮君との面接が始まった。素直な松宮君は、私のことをすぐに地方に住む両親に電話で話していてくれていたし、そもそも面接の中で家族のこと、たとえば親の夫婦喧嘩の詳細まで話してくれ苦笑せずにはいられないことも度々だった。

母親とは何回も電話で話をした。いつでも寝癖頭で、同じトレーナーの胸のあたりに乾いたご飯粒がくっついていたり、私がキャンパスを歩いていたときにたまたま見た、コンビニ弁当の食べ方があまりにすごかった……要するに口の中が丸見え……などなど、生活の様子が心配になったからだ。松宮君に尋ねてみても「部屋、汚いっす」とニッと笑うだけで、どうにも要領を得なかったので、母親とも連絡を取り合うことにしたのだ。母親の話によると、私が思っていた通り、一人暮らしの松宮君の部屋は大変なことになっていた。部屋中に教科書、授業のレジュメ、下着に、食べ物ごみが散乱しているというのだ。母親は月に一度、週末に上京し、彼の部屋を片付けるようにしてくれた。そして、着るものと勉強道具の置き場所を決める、定期的に洗濯をする、髭をそる、髪を整える、などについて母親と協力しながら松宮君に教えていった。

母親は片付け下手や身なりに無頓着なことはわかっていたし、小さいときから言って聞かせていたのだが、どうにもならなくて、と恐縮していた。決して教えてこなかったわけではないこと、でも、母親としてつい手を出し過ぎてしまうことも想像しながら、私は母親をねぎらいながら話を聞いていた。

母親との電話の中では、彼の育ちの様子もわかってきた。始語は早く文字や数字への興味が強かった。天才じゃないか！　と思うほど、幼稚園のときには平仮名はもちろん漢字も覚えていたし、絵本に載っている木の数を数えては、「二三だよね」「一六だよね」と母親に何度も確認してくるような子どもだったそうだ。小学校入学後、低学年では多動傾向、小学校高学年になってからは些細なことで友達とトラブルになり「キレた」事件が続いたため、教育相談所に紹介された。が、本人はあまり行きたがらず、親の方もカウンセラーにアドバイスをもらえるわけでもないことが不満となり、そのうち他の子と同じように成長していくだろうと相談をやめた。公立学校ではいじめが心配と考え、私立の中高一貫校を受験させ進学。友達を論破するような諍いは何度かあったが、成績は上位だった。高校生になり、趣味のパソコンを通じた数名の友人ができたが、登校する以外はひきこもりがちで独り言が多くなったという。一人暮らしは難しいと母親は思っていたそうだが、本人の東京の大学に行きたいという強い意志と、父親の「可愛い子には旅をさせろ！」との意見で、本学進学に至ったそうだ。

成績は決してよくないものの単位はなんとか修得していた。三年になり目下の問題はインターンシップ先が決まらないこと。選考で落とされてしまうのだ。私は正直なところ、彼が一般競争の枠で就労していくことは難しいと考えていた。しかし、本人は就職活動に向けてやる気満々だったし、むげにそれを否定するわけにもいかない。これまでも長期休暇中のアルバイトを勧めたものの、結局、面接で落ちてしまうし、学生は学業が本分という彼の主張で、アルバイトの話題はタブーになっていた。面接室で話していると、感心してしまう程の知識量と時折哲学的なことを言うので非常に魅力的に感じるのだが、キャンパスで見かける彼は、一人何事かを呟きながら歩いているので、奇異な感じは否めない。

一〇月の三年次対象就職ガイダンスの話題から、私は思い切って松宮君に尋ねた。

「いよいよ就職活動が本格的に始まるけど、松宮君はどんな場所でどんな仕事がしたいの?」

「営業職には向かないと思います。簿記三級の資格を生かして経理などの事務仕事がしたいと考えてます。アオバ銀行の旭台公園前支店(彼の下宿の最寄駅)は小さい支店です。アオバ銀行は明治一一年に創立、その後……」

「その話はきょうはいいです。でさ、これまでのカウンセリングで、松宮君の強み、よく本を読み暗記できる力、好きなことならよく勉強する、人と話すのが好き。弱点、自分の興味があることを話し続けてしまうところ。相手がどう思っているかがわかりにくいところなどを整理してきたわけだけど、それらを就職にどう結び付けたらよいかが問題だと思うんだよね」

「自己PRに活用します」

「確かにそう。だけど、就職は活動時期だけじゃなくて、企業に入ってどう仕事を続けていくかが大事なわけ。

今のところ、松宮君はアルバイトやインターンシップを経験できないでいるじゃない？　私、正直のところ、松宮君がどんな仕事をどのくらいできるのかがわからないのですよ。そこでひとつ提案があります」私は深呼吸を一度して続けた。

「障害者職業センターという機関があるのです」

「障害者……」

「実は、私はカウンセリングを続けてきて、松宮君に自閉症スペクトラムという発達障害があるのではないかという可能性を考えています」

「発達障害者支援法は二〇〇四年一二月一〇日に成立し、二〇〇五年四月一日に施行されています」

「あら、よく知っていること。他に何か調べました？」

「『発達障害』とは、自閉症、アスペルガー症候群その他の広汎性発達障害、学習障害、注意欠陥多動性障害……ということです」

「それそれ。その自閉症、アスペルガー症候群などっていうのが自閉症スペクトラム。それに松宮君があてはまるのではないか、ということです。これは、左利き、右利きの人がいるのと同じように、脳の一つのタイプであると考えられています。ですから、いい悪いの問題ではないし、松宮君の脳のタイプを生かした仕事をみつけていくことが必要であると考えるわけです」

「障害者職業センターでは、それをしてくれるんですか？」

「そう。ただ、障害者っていうと、やっぱり抵抗を感じますよね？」

「抵抗を感じるか、どういうことだかよくわかりませんけど、親はどう言うかとは考えます。それから、僕は就職活動をやってはいけないということですか？」

「やってはいけないとは言えないけど……」なんだか、モゴモゴしている自分が情けない。

「ただ、企業は松宮君のよさをなかなか理解してくれないのではないかとは思っています。それに、一番大切なのは、松宮君が長く気持ちよく仕事を続けられることじゃない？　そのためのプロセスとして、障害者職業センターを勧めました」


一一月終わりの祝日授業日を利用して、私は両親にお会いすることになった。両親はすでに先回のカウンセリングの内容を知っていた。母親は日ごろの世話に丁寧に礼を言いながら、「障害者職業センターのことですけど」と切り出された。

「私たちも敬一が就職できるのかは心配しています。あんなですから。景気も悪いですしね。就職率が悪いことはニュースで知っていますし……。なにしろ、よく本を読む子だし、こんないい大学にも入れてもらえたことだし、なんとかなればいいけれどとも思っていたんですよ」

「はい。あの、自閉症スペクトラムのことですけど、だいじょうぶですか。理解していただけましたか」

「私たちも以前から調べてはいたんです。先生には電話で話したように、小さいころからなんとなく他の子とは違うなとは思っていましたからね。ビル・ゲイツとかもそうだとか。アインシュタインもそうだったんではないかとか？　でもね。うちは凡人の家系ですからね」

「はあ」なんだか私は準備しておいた、松宮君についての理解をまとめた一覧表を出しにくくなってしまった。強み、弱点と言っても、彼の特性を引き出して仕事を、と話してみても、障害という言葉自体は徹底的に響きが悪い。発達障害であるとされる著名人は、その啓発には大いに貢献したが説得力に欠ける。そもそも、私は彼を採用し働き続けられる企業を思い浮かべているわけではないのだ。それでも、気を取り直しながら、私は自閉症スペクトラムについて、松宮君と一緒に作った自己理解一覧表を見せながら説明した。

「障害者手帳というのを作ることになりますか？　障害者として生きていくということになりますか？」

父親が重い口を開いた。端的な質問だ。

「手帳の取得について、すぐに勧めるつもりはありません。松宮君とも、そんなに簡単なことではないと話し合いました。後期試験が終わったところで県の障害者職業センターに行っていただければと考えています。障害者職業センターは手帳を持っていなくても、診断されていない方も利用できるのです。もちろん紹介状を書きます。職業評価や事務系の作業体験、作業場のコミュニケーションスキルのトレーニングなどの支援メニューもあります。実はこれまでここを利用して就職していった学生もいるのです」

「障害の診断はどこでするんですか？」

父親はやはり障害ということにひっかかっている。

「精神科です。しかし、発達障害に詳しい専門医は多くありません。これまで、幸いなことに敬一君は特に精神科に行くような症状はありませんでしたから、お話しませんでしたが、医者もご紹介するつもりでいます」

「やっぱり普通に就活してもだめかしらねえ」

誰にともなく母親は呟いた。私はなんだか言葉を失ってしまった。だめだなんて誰も言えやしないもの。

松宮君の気持ちと両親の思いを尊重して、しばらくは、同期生と同様にエントリーシート講座やSPI対策講座などには参加することになった。学内企業セミナーに出席し、とんちんかんな質問をしては就職課の職員を慌てさせることもあったが、私は本人・両親の了解を得て、今後の就職活動予定を就職課員に説明した。

四年の後期に卒業所要単位まで二科目分を残すのみになったので、松宮君は夏休みに地元の障害者職業センターへ通い始めた。実際に作業体験をしてみると、パソコンを使った作業は得意だったが、ミスをしたときに報告できなかったり、書類のファイリングが予想以上に苦手だったり、と、大学生活ではわからなかった職業上のハードスキルの得手不得手が明らかになっていった。そして、緊張が過ぎたのか、少し被害的なことを言うことが出てきたので、地元の精神科を受診することになり、あっさりと広汎性発達障害の診断がつけられた。

卒業式の日、松宮君と両親が相談室に挨拶に来てくれた。手帳を取得して障害者枠での就労を目指そうと思うとの報告だった。

事例の理解

大学卒という学歴がありながら、障害者として生きていくという選択がどうしてそんなに容易にできるものか。たとえ、見るからになんらかの障害を疑う学生であったとしても、との思いを松宮敬一に託した事例である。おそらく偏差値の低い大学ではめずらしくないであろう境界知能レベルの大学生、また、ある程度あるいはそれ以上の知能と学業成績を修めながらも言動の奇異さや深刻な二次障害により、一般の競争的環境での就職活動が想像できない、困難と予想できる大学生に対して就職活動をどう進めていくかというテーマである。

彼は、大学入学前に明確な診断も特別支援教育も受けていない、現状の大学では最も多い層の学生で、比較的早い段階で学生相談機関につながっている。大学では多感な青年期としてさまざまな事件が起こる一方、比較的自由度の高い環境の中、カウンセラーとの緩やかな関係を基地として安定して過ごしていくこともできる。

発達障害≠要支援は前提だが、案外見落とされがちで、かつ支援が難しい生活の自立度のアセスメントについてもトピックとして描いた。生活リズムの調整、時間の管理、清潔を保つことを含む身だしなみ、食事のマナーなど、明確な構造の面接室内では知り得ない、社会生活を営んでいく上で彼らの弱点になることの対策を考えたい。

この事例では、就職活動の開始を障害説明の時機とした。単に診断名を告げるというのは論外だが、それまでの面接過程で学生の特性理解と支援をセットで進めたからだ。障害説明と診断は別とはいえ、障害名を出した以上、伴う支援があって然るべきである。彼に職業リハビリテーションの利用、つまり障害者職業センターを紹介したのは、アルバイトなど実際働く体験がないために、職業的なアセスメントが難しいと判断したからである。

カウンセラーの対応

就職活動に対してやる気を見せ、困ってもいなかった松宮君と「普通に就職活動するのは無理かねえ」と呟いた母に障害者としての就労という可能性を突きつけたのは私である。明らかに「転ばぬ先の杖」だが、一般競争での困難が予想されるのに挫折体験を重ねさせるのは倫理に反する。「普通の就職活動を」と言う母子に、かつて勤務していた障害乳幼児通園施設で、できないことができるようになる積み重ねの先に普通の子になるかも、と期待を抱く母子の姿が重なって切なくなった。

発達障害ブームが世間の認知度アップに貢献したことは間違いなく、昨今、学生にも家族にも、発達障害やアスペルガー症候群などの呼称を知る人は多い。それでもなお障害名を説明するときの躊躇と困難はどこにあるのか。障害は個性という言説の胡散臭さ。障害は困ることがあるから障害なのだ。

松宮君との四年間の学生生活を通して行なわれた面接の中で、障害特性を踏まえて自己理解を進め支援は行なってきたが、いざ、「働く」ことを眼前にすると、大学の相談機関には、ジョブマッチングと職業準備の支援に限界がある。彼らは一〇〇回の説明より一回実際に試してみる、やってみることで理解が可能になる人であるし、膨大な職業・職種の実際まで把握できるわけもない。そこで、将来的に精神障害者保健福祉手帳を取得し障害者雇用で就労する可能性を考えた提案をした。しかし、即、障害者手帳の取得を勧めることは時期尚早であると先送りした。そんなに急いでは誰の心もついていけない。

学生や家族と話し合うとき、「障害者雇用」は最終的な選択という文脈になることが多い。大学で学ぶ発達障害学生にとっては「考えたくない」「ない方がよい」選択なのである。自分の特性に合った働き方、「障害」を周囲が理解している環境を選んでいくという肯定的なとらえ方ができるほど社会が成熟しているとは思えない。

事例2　老後の心配

クリスマスを二週間後に控えたある日、ギャル風ファッションに身を包んだ三年生谷山マホが相談室に来た。

「えっとー。どうやって書くんだかわかんなくてー。面接とかー、マホ、あたま真っ白になっちゃうしー」

「エントリーシートの書き方がわからないの？」

「そう、そう、そうなんですー」大袈裟に拳をたたき話を続ける。「なんかー、レポートとか超苦手だしー。友達関係とかうまくいかないしー。ユカに怒られちゃったの、いい加減にしなよって。遊ぶ約束ドタキャンするしー。レポートとか見せてもらっちゃうこと多いしー。でも、明日、ゼミの発表でー。もうやだ。マホはおバカなんですー。ネガティブだしー、すぐ自己嫌悪。ふー」

テーブルに伸ばした両腕と右側の頬をくっつけ倒れこむと、起き上がったマホの大きな瞳から涙がぽつり、ぽつりとこぼれ始めた。

「あらあら、いろいろ困っていることがあるんだね。就活はあるし、ゼミの発表はあるし、お友達のこともあるみたいだし。ちゃんと相談にのるからね」

語尾を伸ばした話し方と自分を名前で呼ぶ今時の若い女の子でありながら、芝居がかったような仕草が私にはとても可愛らしく思えた。と同時に、この幼さとわかりにくい話の中で、卒業まで一年少ししかないことを思うと、何をどう進めていくのやらと不安に思いながらマホとの面接が始まった。

何の話なのか、いつの話なのか、時系列を考えながら、マホが語った内容をまとめると、こんな様子だ。

歯学部で学ぶ姉と高校受験を控えた弟がいる谷山家は、父親の定年も近く、マホは就職をしてもらわなければ困るという状況だ。小学校低学年までは多動傾向があったものの成績は優秀。私立の中堅女子中高一貫校から、本学には指定校推薦で入学している。女子校特有の持ち回りかのようないじめあいの中で、距離の近い友達関係にはウンザリしていたそうで、大学は絶対に共学へと思っていたという。

大学入学後、すぐに友達はできたが、「ほんとにマホって何言っているんだかわからないよね」とからかわれており、実は傷ついていた。断れない性格とすぐ忘れてしまうために遊びをドタキャンしたり、なぜか他人の気を悪くさせるような発言（本人はよくわかっていない）のために友人関係を壊すことも多かったようだ。

話すのは早かったが、幼稚園のときからすごく変わっていて、みんなができることを自分だけできなかった。よく怒られていたが、何を怒られているのか意味がわからず、友達の中に溶け込めなかった。運動音痴と不器用から小学校のときも散々だった。一生懸命走っても五〇メートル走やマラソンはいつもビリ。走り方が変といじめられた。逆上がりは結局できず仕舞い、バドミントンは空振りばかりだった。家庭科の時間は針に糸を通せず、ひもを結べなかった。

女子校のときはグループに入れず、一人の子とだけ仲良くしていたから、その子が休むとつらかった。みんながトントン話していくのについていけなくて、時々話をふられて聞かれると、どういうふうに答えたらよいのかわからなくて、頭の中をフル稼働して答えたあげくに笑われた。何かはずしているらしい。

「記憶は得意だから、教科書はとりあえずみんな覚えてー。だから成績は良かったんですー。だけど、マホ、本当は何にもわかってないしー。相当おバカなんですよー」

授業時の発表やアルバイトの面接時などの緊張は強く、可能なときは原稿を作り丸暗記をしてやり過ごしてきたという。

アルバイトは、一年のときにファミレスのアルバイトをしようとしたが、「やること多すぎて怒られたから研修だけでばっくれちゃった」その後も、スーパーのレジ、カフェのウエイトレス、パン屋さん……と、面接には落ちたことがなく、とにかく始めるものの、ファミレスと同様に仕事が覚えられずに研修だけでやめてしまったり、無断欠勤や遅刻でクビになった。

「それにほら、よくテレビでやってる給湯室でOLたちが噂話しているみたいな。お弁当みんなで食べたりとか？　お局様とかいて、マホ、きっといじめられますよー。絶対、孤独死だあー」

「ええ！　なんで孤独死よ？」

「ていうか、就活とても受かる気がしないもん。あーあどうしよう。このままじゃ老後が心配ですー」

私は思わず吹き出しながら、慌てて笑ったことを謝っては、マホの話をふむふむ聴いていた。可愛い子なのになあ。でも、それで内定はでないか……などと思いながら。私はもはやマホが何らかの発達障害であると確信していた。でも、そんな理解を伝えることがマホの役に立つとは思えなかった。大学生活はさまざま大変だったろうに何とか何の支援も配慮もなく卒業単位は修得している。しかし、問題は就職だ。

「自信ない。お金もない。でもプーでいるわけにはいかない。きゃーなんですー」


どうやら家でも大変らしい。高校までは制服だったが、大学から私服になって、何を着ていけばいいのか、どう組み合わせればいいのかがわからなくて、家で毎日大騒ぎしている。

「ママに八つ当たりして大泣きしちゃうんですー。ファッション誌を毎月三冊買って、お店でマネキンの着ている組み合わせで服買ってー。パパのクレジットカードの家族カード使いすぎて結局没収されちゃいましたー」

「大学の試験だって大変じゃないですかー。論述式のテストでも、だいたい予想して四パターンくらい書いて全部覚えてー。でもすごく大変だから定期試験のたびにお家で泣き喚いちゃうの。ママかわいそう」

「なんか宗教？　変な宗教みたいなとこ入っちゃったりー」

「え、いつ？」

「大学入ってすぐ。だって、なおちゃんやさしかったんだもん。お買いもの行こうっていうから、一緒に行ったら、すごいみんなブツブツなんか唱えてて一」

「それ、どうなったの？」

「わかんなーい」

「もう行ってない？」

「行ってない」

他にも、いわゆるキャッチセールスに三、四回ひっかかっては、母親に泣きつき、あるときは大金を払わざるを得なくなり、あるときは母親にクーリングオフをしてもらっていた。

「断るんだよ。そういうの」

「だって、なんか悪いじゃないですかー？」

「向こうも商売だから。悪いとか考えなくていいから」

「そうなんですかー？」

「そうそう、まず、声かけられてもシカトね。で、もし万が一、話聞く羽目になっちゃったら、『いいです』『要らないです』って言い続ければいいからね。で、もう話聞かないの」

「へー。そうなんだー。大学の入学式のあと、学生相談室の説明があったじゃないですかー？　あれ岩田先生だったんですか？　あーあ、すぐに行きたかったんだけどなあ。なんだかこわくて。もっと早く来たかったー」


本格的な就職活動が始まってからも、マホは説明会予約で出遅れる。迷っている間に満席になってしまうのだ。そして、エントリーシートで落ちる。エントリーシートについては、キャリアセンターの中島さんにお世話になり、何度も何度も書き直してエントリーしたが、うまくいかない。通っても、今度は筆記試験で落ちた。そして、あっという間に四年の夏が終わり、一〇月一日も過ぎ、これから、どのように就職活動を進めていくかについて、中島さんとマホ、私の三者面談をすることにした。中島さんは切り出した。

「景気が良くて売り手市場のときだったら、谷山さんも内定が取れていたと思うんです。ただ、今は採用予定人数に達しなくても企業は無理に内定を出さないんですよね。秋以降、求人が減るのは事実です。ただ、三月まで求人はありますし、正直これから求人のある企業の採用のハードルは下がるとは思います」私も続けた。

「ただ、カウンセリングの中でも話し合っているのですけど、谷山さんは、うまく内定が出たとしても、会社に入ってからやっていけるかについて、とても心配しています。私も同じ気持ちです。素直で可愛くて一生懸命な方ですけど、複雑な仕事を覚えることや臨機応変な対応が苦手です。できれば、ルーティンワークのような、単調でもしっかりこなすことが求められるような仕事が合っていると思うのです」

「あの、そういう仕事は、今は派遣社員がしているんです。正社員では、やはりいろいろな仕事に対応できる人材が求められています。そもそも、きつい言い方になりますが、企業は営利追求が目的ですし、社員の働き方について支援をするところではありません」

「やっぱり、アタシ、就職無理なんでしょうかー」今にも泣きそうなマホ。

「無理かどうかは、自分次第。自立していこうという確固たる信念が問われます。パソコンのスキルアップをするとか。私の方でも、『変化の少ない働き方ができる』企業、事務職がよいとは思いますが、『営業職でも、ルート営業などで取引先が決まっている』企業さんあたりの求人があれば紹介したいと思います」

中島さんはマホの特性を理解して会社を選んでくれそうでよかったと私はホッとした。と同時に、自立していこうという確固たる信念……には少しドキリとした。マホにそれがあるのか？　それを求めることが酷に思えるのは私が母親的になり過ぎているのか。

マホは、小遣い稼ぎのために派遣のアルバイトをすることにした。派遣会社に登録をして、その都度、軽作業を行なう。百貨店の下着セール場の品物の整理、ちらし配り、パソコンのデータ入力。作業そのものが単純ですぐに覚えられるものであったし、何より、その時々だけの人間関係であるので、マホはきちんと仕事をこなせた。

「ちょっとね、アタシにもできる仕事があるんだって思えた」そう話すマホの顔つきが少し大人びて見えた。

卒業式を迎えても結局マホの就職は決まらなかった。派遣のアルバイトを続けながら、私は、チューターのいるヤングハローワークを紹介し、マホとの相談は終わった。

事例の理解

発達障害特性があるが診断にはつなげず、かつ就職が決まらないまま卒業していく学生の事例である。発達障害を語るとき、グレーゾーンという用語が使われるが、マホは一般就労が可能かどうかという意味でのグレーゾーンの学生として描いた。期間限定で行なわれる学生相談において、カウンセラーは卒業後の彼／彼女に思いを馳せることになるが、マホのように、就職活動段階で相談につながる場合は、現実的な活動を進める中で生育歴やそれまでの学生生活、社会生活を聴取するうちに、あっという間に時間は過ぎていく。さまざまなエピソードを聞きつつ、必要な支援（至って現実的な社会生活の処し方、知らないままでいたいわゆる常識を教えつつスキルを身につけてもらう）を行なうことになる。

この事例では特に、素直で心優しい人の多い発達障害者が残念なことに騙されやすいという側面も扱った。大学までの教育機関では相談機能がある程度整備されているが、守られた生活空間から離れた後、自分の身を自分で守ることの難しさは厳然としてある。おそらく、スキルトレーニングを幾度繰り返しても、である。

カウンセラーの対応

マホとの面接では障害名を用いることをしなかった。障害名の説明が支援に結びつきにくいと判断し、家族面接すら設定しなかった。家族は、マホの育ちの中で相当な苦労をしてきたであろうことは想像できた。しかし、それを乗り越えてきた歴史ももつ家族に、障害という用語でわが子を説明される不本意さは想像に難くない。マホ自身が、自分は何者なのかという問いへの答えを求めているのなら、支援の方向性は違っていたかもしれない。二〇歳そこそこの若い女性に、わざわざ精神科の門を叩かせることに、カウンセラーは敏感であってよい。就労分野で支援をしている専門家は、障害理解無くして就労は難しいという論が多数を占めているように思えるが、大学在学中に何をするかは慎重でありたいと私は考えている。

マホの就職活動に対してはキャリアセンター職員の協力を得、エントリーシートの書き方、面接の方法を学ぶことを分担してもらった。マホの幼い振る舞いや働くことの意義については、カウンセリングの中でもっと指摘すべきだったのかもしれない。学生の親年齢である私はどうしても母親的、それも保護的になり過ぎることがあり反省してしまう。その点、中島さんの存在は父性的で、リアルな視点での発言は私の心の中にも響いた。企業は福祉機関でも支援機関でもない。労働の対価として給料が支払われることの意味を、恐らく定型発達の学生を含めて考え直さなければならないのかもしれない。

支援のポイント

わが国では障害者に対する雇用支援は法定雇用率制度等の障害者の促進等に関する法律によって実施されている。先進諸外国に比べて圧倒的に数の少ない障害学生の大方は障害者雇用としての就職活動を行なう。言わずもがなだが、一般の就職活動とは異なるルートに率直に疑問を感じる。

発達障害特性を有していても職場での戦力として十分な能力をもっている人たちがいることは確かで、

学生の能力と仕事双方を結びつけることが就労支援の重要な課題であろう。

一方で「職業に貴賤なし」というが、障害者の仕事というと単純な作業を思い浮かべ、大卒の青年に結びつけることができない。ただ近年になって、発達障害者を積極的に雇用する事業所も、民間の障害者のための就職支援機関も漸増しており、充実した職業生活を送っている発達障害者が存在する。

就労支援専門家の見解は、学校卒業時点、あるいは離職後も「一般扱い」の就職にこだわることから生じる問題点を指摘する論調が圧倒的に多い。しかし、大学進学率が過半数に達しているとはいえ、学士を有して「障害者」として生きる選択を容易に行なえないことは当然だと思う。障害に対するスティグマの問題、当事者や家族、あるいはかく述べる筆者を含めた支援者の心の中にある障害に対する構えのバリアフリーが課題であることは承知している。それでもなお、大学から社会生活への移行支援は、合理的・能率的には進まないこと、各個人に必要な体験と実感がもたらすものを大切にする必要があるゆえに遠回りも必然であるとの認識を医療・就労支援機関の人々に理解していただきたいと願う。

文献

市川宏伸・内山登紀夫・田中康雄・辻井正次　二〇一〇　発達障害者支援の現状と未来図　中央法規
望月葉子　二〇一〇　発達障害のある大学生の就労支援の課題――職業への円滑な移行と適切な支援の選択のために　大学と学生、八一号　二二―二八頁
辻井正次・杉山登志郎　二〇一〇　大人の生活完全ガイド――アスペルガー症候群　保健同人社
吉田友子　二〇一一　自閉症・アスペルガー症候群「自分のこと」のおしえかた――診断説明・告知マニュアル　学研教育出版

第8章　卒業期——巣立ちのとき

中川　純子

はじめに

大学の卒業は、長かった学生生活に別れを告げ、さらに長く続く社会人生活へと向かう、人生の大きな節目である。

大学内では、卒業期に課せられる、卒業論文・卒業研究・卒業制作などにより、学部での学びの総まとめをすることを求められる時期である。そこでは学ぶ姿勢を受け身から一転させ、疑問を見つけ新たな知を創造する端緒にかかることを要請されるため、学生によっては戸惑い、足踏みしてしまうこともある。

またその指導のために、多くはぐっと少人数の教育となるため質が変化し、それまでの大学での修学パターンとは異なった生活環境へ変化する。大教室での講義を後ろの方で聞いていたものが、狭い教室で少人数の前で頻回に研究発表し、意見を交わす。教員から一対一で指導を受ける機会をもつ。研究室では、修士課程、博士課程の院生やポスドク研究員などとの交流が生まれ、研究に「就職」しようとする場合の見通しができてくる。「対人関係が苦手だから、研究職に」などと漠然と志向していた道が、現時点であまり明るい将来ではないことも、感じられるのである。

一方で社会に出るための助走、就職活動が具体的に始まる時期でもある。昔、青田買い予防のための就職協定があったころには考えられないほどの早期から、今の学生たちは就職に向けて行動を開始する必要がある。早くは三年生に進級した後、夏休み中のインターンシップの申し込みがはじまる。秋には企業研究を始め、今までの自分を振り返る自己分析を要求され、一二月にはエントリーシートを次々出し始める。後期試験もそこそこに、就職面接などが本格化し、四年生になり四、五月ころで内々定の出る学生も少なからずいる。しかし世の中は不景気であり、内定式の一〇月一日になっても決まらず、気力も体力もぼろぼろになりながら卒業式をまたいで三月まで就活を続ける学生もいる。こうなると「社会は全く自分を求めていないんだ」と自信喪失と疎外感に襲われ、精神に不調をきたすこともある。

卒業期は「親や大学に守られていた子どもとしての今までのあり方が死んで、大人として生まれ変わる、つまり、『死と再生』を象徴するイニシエーション（通過儀礼）の過程でもある」と吉田（二〇一〇）は述べている。通過儀礼である以上、新たな希望に満ちているばかりではなく、精神的に厳しい時期であることは間違いない。留年や進学でモラトリアムを延長する方法もひとつではある。

発達障害のある学生にとって、これらの重なった試練はさらにかなり厳しい荒波となる場合が多い。仮想の事例を以下に示す。

事例1　部・分・成・立

年が明け、大学に独特の緊張感が満ち始めた。「出る人」と「入る人」が交錯するフル稼働の緊張感、学生相談室も例外ではいられない……とそこに、ガラガラッと入口の引戸が開き、寒風とともに男子学生が緊迫した様子で駆け込んできた。

「研究室でハラスメントを受けています！　緊急の相談です！　時間がありません！　何とかしてください。卒業させようとするんです！」

「は……？」


彼は無骨な片流れの字でせわしなく申込用紙に記入した。理工学部情報系四回生、加藤健吾。研究室でのハラスメントについて。

「脱出してきました。今卒業研究で缶詰状態ですが、干渉っていうか、監視というか、あそこにいると、皆がよってたかって僕のプログラムを取り上げて変えようとする！　変えたもので発表させて、卒業させてやるからって、おかしいじゃないですか。それは僕の卒業ですか？　あんなにだめだっていうんなら、留年させればいいじゃないですか！」

話しはじめるとどんどん語気荒く顔が赤くなっていく。不完全燃焼していたものが外の空気を得て一気に燃え立つような印象だ。

研究の内容の話を聞いてみたら、少し彼の炎の勢いがそがれた。私のおおざっぱな理解では、さまざまな条件下で波やら渦やら流動するもののシミュレーションをコンピュータ上で行なって、実生活に役立てることが目標らしい。ただしまだ四回生、まずは研究室で皆が利用しているシミュレーションプログラムを理解し、研究のテーマに沿った変更を行ない結果を出していくのが課題のようであった。

「流れるもののシミュレーション、何だか難しそうですね……」

「いえ、あんなに難しく考えずにもっと筋の通った書き方があるはずです。先輩から渡されたプログラムはそもそも書き方がバラバラ、非常にわかりにくい！　それではだめだと思うから、僕はコツコツと作り直してきました。確かにまだそれは完成していません。卒業研究発表の日が二月に迫っているのも事実です。でもせっかく途中まで作ったのに取り上げられて手を入れられてしまうのでは元の木阿弥だ！　ハラスメントとして申し立てますから、直ちにやめさせてください」

「あの、もしかして四月からの就職とかの進路は…」

「同じ研究室で院試に合格しています」

「えっ…それなら何とか卒業したく……はないですか？」

「ごもっともです。でも、おかしなことをしてまで卒業したくない」

私は内心頭を抱えてしまった。彼の言うことは確かに筋が通っている。自分の作っているプログラムを納得しないままに改変されて発表したらいいと言われても、自分の研究とは思えなくなるだろう。しかし、これは研究室全体で彼をサポートしようとしてくれている状態ではないのだろうか？　彼はハラスメントと解釈しているが、これをいきなり申し立てして、彼の利益にかなうのだろうか？　ちょっと頑なになっているようだが、これ以前にも感情的行き違いが重なっているのだろうか……何しろ卒業の行方がかかるデリケートな状態だ。

「ハラスメントの正式な申立には、いろいろ時間が必要です。それはこれからご一緒にするとして、加藤さんが緊急の対応を必要としているなら、学科長の林先生に、加藤さんから事情を相談されることをお勧めします。学生相談室にハラスメントの相談をしたら、私から学科長への相談を勧められたとおっしゃってください。もし学科長から私にご連絡があったら、加藤さんが緊急の事態で困っておられることをお話ししてもいいですか」

「それはいいですけど、ハラスメントの申立はどうなるんですか」多少彼は気色ばんだ。

「今日うかがったことを申立書類にまとめてみます。それを次回確認してください。次回までに加藤さんも何とか学科長と話をしてきてくださいね」

彼は戦闘の同志をえた風情で勇ましく帰っていった。

その日の相談業務を終えて、彼の申立書類をどうまとめるか苦心していると、電話が鳴った。

「情報学科長の林です。うちの学科の加藤君が来て、そちらにハラスメントの相談をしたということですが、詳細は中川先生に聞いてくださいとのことなので…で、どういうことなんですか」

うーんそういうふうに伝わるのか……。急遽林先生が来室された。

「はぁ、何とそれでは、彼は卒業したくないんですかね。緊急というので、てっきり卒業させろという話かと」

学科長は苦笑した。

「では、彼は自分が困っている点を先生に相談されていないのでしょうか」

「いや、会議前で今五分しか時間がないといったら、『研究室をハラスメントで訴えようと学生相談室に行ったら学科長にも相談してと言われたので来た』とか『自分がこつこつ書いているプログラムを取り上げて改変して発表するのをやめさせてほしい』とか『詳細は中川先生に聞いてください』でしたよ」

この先が思いやられる伝わり方だ。でも〝卒業させようとする〟が彼の話から消えていたのなら、彼の主な困惑は、プログラムを触られることへの嫌悪感なのかもしれない……。

「土田先生はうちの学科の中でも、面倒見のよいことで有名です。院生たちも見習ってか、助け合ってよくやっていると聞きます。まぁでも、それを当てにして行く学部生もいますから、内部ではいろいろあるかもしれませんね。……で、これって土田先生はハラスメントで申し立てられてしまうんですか?」

「本人が望めばそうなりますが、ちょっと今は切羽詰まって頑なになっている感じがありますので……本人のためになる方向を何とか探っていければよいのですが」

「ふーん。ちょっと、土田先生とお話ししてみてもいいですかね。緊急の対応、ということでね。はぁ。やれやれ。われわれは何をどう指導していいのやらですね」愚痴をこぼしながら学科長は帰って行った。


二日後、ハラスメントの申立書類案を何とか作成し、彼の来談を待った。ひとまず筋は通っているが、本当にこれでいいのだろうか？　木を見て森を見ずになっているのではないだろうか？　林学科長の動きとどうバランスをとればいいだろうか？　などと自問自答しつつ待っていたのだが、彼は来なかった。肩すかしを食らい、疲労感が押し寄せた。


その次の日、学科長から電話が来た。

「本人はその後相談に行きましたか？　土田先生と話したのですが、あれからまた研究室に出てこなくなったようです。土田先生は、どう指導したらよいのかうかがいに行きたいけれど、ハラスメントなどと言われているなら当事者が行ったらややこしいことになるんでしょうね、ということなので、私は伝書鳩なんですけどね」

と、研究室に入ってからの彼の様子を話し始めた。

「夏の院試にはよい成績で合格して、後は卒研だけ。でもシミュレーションの実験が最初からどうも段取りよく進められなかったようでね。代々先輩から引き継いでいるプログラムを読み取る段階で長らく進展がなく、ゼミ発表は芳しくなく、先輩院生にどんどん尋ねろ、と促していたそうです。先輩の院生も、尋ねられたらそれなりに対応してくれていたみたいですが、一行一行ひっかかっているとさすがに面倒になるらしく、ちょっと自分で考えたら、と言ったこともあるそうです。彼が、何でこんな持って回った考え方をするんだ、などと文句を言うので、じゃぁ自力で一からヤレよ、と言った院生もいたそうで。それで本当に一から考え出してしまって、途中で一度それをゼミに出したそうですよ」

「その努力はある意味すごいですね」

「いやまったく。でもさすがに今までの改良を重ねたプログラムに匹敵するところまでは到底いかないし、今までの実験の継続性もあるし、ということで、もとのプログラムに戻るように指導したそうです。一一月の末です。そのころから研究室に出て来なくなって。年明けになってようやく現れたところをつかまえて、集中的に指導していた状態みたいですね……その後は先生のご存知の通りです」

「で、今後どう指導していったらいいんでしょうかね。土田先生としては、せっかく院試にも合格したのだから、何とか進学させてやりたいとお考えのようですが、どうも彼は気に入らないようですね」

「会ったときの様子と、お話をうかがったかぎりでは、彼はどうも言われたことを真に受けやすい感じがしますね……それに、悪気はないのかもしれないけれど、人の気に障りそうなことをぽろっと口にしてしまうような感じもします。その辺で研究室内でぎくしゃくして居心地悪く感じているかもしれません」

「ハラスメントというか、被害的になりやすいということですね」

「他人の書いたプログラムはわかりにくい、とよく聞きますが、彼は他の人の思考に乗って考えていく、というのが特に苦手なのかも」

「あぁなるほど……確かにそれはその通りなんです。でも他の学生は苦労しつつもやっていくのですけどねぇ。ただ、代々改良していくと、複数人の思考がモザイクのように入っていると思いますね。それでひっかかりが多くなるのかな……」

「その線で考えると、彼の自作のプログラムを周りが何とか組み込んでやろうと触るのは、自分の脳みそに手を突っ込まれてかき乱されているような強烈な不快感がしているかもしれません」

「うーんそうですか……やはり本人を呼び出してどうしたいのか聞きます。土田先生にもまたお伝えして何ができるか話し合ってみます」


さらに一週間が過ぎたころ、彼は突然やってきた。

「学科長のお力で、よい方向にいきました。僕のプログラムを無理に急いで改変しなくてよいと、上から土田先生に言ってもらいました！」

ちょっと状況理解の筋がそれでいいのかどうかは微妙だ。しかし彼によると、学科長と土田先生と彼の三人で話し合う機会をもち、二つの選択肢を示されたようだった。一つ目は、今春の卒業と進学を目指して、今までのプログラムを引き継いでシミュレーションまでもっていく努力をする、これは時間がないので皆で協力した缶詰指導になることを覚悟する。二つ目は、今春の卒業と進学はあきらめ、少しシミュレーションの対象を規模の小さいものに変え、一から自作でやってみる、もちろん他のものを参考にするのは構わないが、その研究テーマを詳しくわかる人は限られることを覚悟する。院試ももう一度受験する。彼は喜んで二つ目の選択肢に同意したそうだ。

「どちらにしても大変な面はありそうだけど、自分で頑張る方を選んで、少し落ち着いて、安心されましたかね」

「はい。僕の話が筋が通っていることを理解してもらえて、安心しました。でもまだ申立書類案は破棄しないで残しておいてください」

彼は慌ただしく帰っていった。安心……私から口にした、彼の表情を見て出た言葉だが……彼は、自作プログラムに手を出される不快さ以外にも、不安なことがあったのだ。研究室で要求されるレベルができていない自分が、卒業して進学することへの途方もない不安。この先やっていけるのかこっそり自信喪失しているときに、後押ししてくれる研究室の状況は、まるで崖っぷちで後押しされているかのように感じていたのかもしれない。それを上手く表現できなくて、状況の一側面だけで成立する「正論」を見つけ、崖にしがみつく命綱にしていたのかもしれない……。

留年したその後も彼はしばしばいきなりやってきた。たいていは院生や研究員に何かを尋ねた後で、いささか被害的な解釈をしてしまっていた。本人と相手の立場と気持ちを想像してあれこれ話していると「あぁそういうことだったのか！」と腑に落ちたように声を上げ、思い直して帰るのだが、次回にはまた別のよく似た状況の話を一からはじめる、といった繰り返しだった。その繰り返しの中で、ほんの、ほんの少しずつ、話している最中に以前の経験とつながり、「あれと同じことですか」と気が付くときがあるようになった。

夏には院試を受けて合格し、同じ研究室への進学が決まった。内心、私は進学がかなうかどうか心配だったのだが、土田先生は評判通り、面倒見のとことんよい先生だったのだ。卒業研究を仕上げる時期にはかなり不安定になったが、一年間腰を据えて取り組んだプログラムの評価は学部生にしてはまずまずだったようだ。

年度末も迫ったころ、ふらりと学科長が相談室にあらわれた。

「例の彼、何とか進学になりましたよ。で、土田先生から伝言です。『たびたびお世話になっていたようで、ありがとうございます。本人も研究を頑張り、研究室にも少しは慣れてくれたように思います。少なくとももう二年はおりますので、引き続きよろしくお願いします』ということでした」

「こちらこそ、本人の頑張りもですが、先生方のおかげです。先を思うと、まだまだこれからですね……」

事例の理解

卒業期には、研究指導などで、少人数で密度の濃いコミュニケーションをもつようになる。この事例は、研究室という閉鎖的な少人数の環境で、長時間一緒に生活するような理系の学生に起きがちな事態を示したものである。念のため記すが、人物・状況とも架空の話である。

人と接触はしたいのに、コミュニケーションが不器用で、相手の雰囲気から状態を察することが苦手で、時に悪気はないまま配慮に欠けた言葉を口にしてしまうタイプの発達障害のある学生は、大学の教育方法が少人数教育に切り替わっていく時期にトラブルを抱えやすい。いつも顔をあわせる人の中で、多くは些細なことからぎくしゃくしてぶつかり始めるからである。研究室が個人よりチームでの研究作業をする率が高いと、トラブルはより深刻になりやすい。

少し前までであれば、変わり者だと言われて敬遠されたり、冷たくされたと思って研究室に行かなくなったりしていたのだろう。昨今はそれに加えて、ハラスメントとして訴える形でトラブルを表現する場合も増えている。

現在大学では、セクシュアル・ハラスメントだけではなく、アカデミック・ハラスメントについても取り組むべき課題として相談窓口が設けられはじめている。アカデミック・ハラスメントは、大学で研究・教育などの上下関係がある中でその関係を不当に利用して不適切な言動を行なうことであるが、その本質には学生と教員間の期待や予断や偏見や欲望のずれ、ミスマッチがあると考えられる（中川、二〇〇六）。

ミスマッチを随時修正し続けることが、関係を良好に保つために必要になる。したがって、コミュニケーションが不器用だと、必然的にハラスメントのハイリスク群になってしまうのである。ここでは

「被害があった」と学生が主張しているが、別の場合では「加害があった」と申し立てられることもある。どちらの立場にも陥りやすい。

しかしハラスメントとして対応するとなると、マジョリティ、いわゆる「平均的な感覚」ではずれが生じていない言動の場合、発達障害のある学生が少しでも納得する対応が大学としてどうすれば可能かは難しいところである。

カウンセラーの対応

まず大切な点は、大学でハラスメント相談の手順が定まっていて、来談した学生がハラスメントの相談であることを明示する場合は、それぞれ大学の手順にのっとりその範囲内で可能な対応を行なうことである。このようなタイプの学生にとって、公開されているハラスメント窓口の規程や相談流れ図などで自分の言動がどのように扱われていくかの見通しがもてることは、それだけでも足場になり落ち着きを取り戻すきっかけになる。ただ、手順を一方的に解釈してしまいやすく、それと少しでも食い違うと、通常以上に混乱しやすい。

次に、関係する先生方とは慎重にコミュニケーションをとることである。本人に了解を取っての連携が相談の原則でもある。たまたまここでの林学科長と土田先生は、器の大きい面倒見の良い理想的な先生であるが、現実はこのようにばかりは進まない。もし「理想的」ではなく「普通の」土田先生であれば、何度か研究室に出てくることを促して、来れないようであれば多忙に紛れてそのままになってしまうこともある。ハラスメント相談、と聞いただけで身構えて、頑なになる「普通の」林学科長、ということもある。ハラスメント相談のどの手順で今その先生と話をしているのか、互いに共有して対応にあたりたい。また、その時点で学生の特徴をいくらか把握していれば、関係者の対応をスムーズにするために、伝えればよいこともある。しかしこれも、状況によっては「ハラスメント被害を申し出ている学生がおかしいところがあるからこうなっている、とカウンセラーが言っていた」「カウンセラーがセカンドハラスメントをした」のように受け取られることもあり、さらなる事態の混迷に突入する場合があるので、慎重な配慮が必要である。通常の大学業務で、いろいろな先生と知り合いになり人柄を知っておくこと、カウンセラーを知ってもらっておくことは、このような場合に大変助けになるだろう。

さらに、このような学生は、当面のコミュニケーションの行き違いがいったん解決されても、日々常に些細な行き違いを生じさせ続けていると考えられる。したがって、可能であれば定期的な来談で、研究室でのコミュニケーションをとりあげ、一緒に相手の立場からも検討し、いろいろな受け取り方を模索することで、修正を試みていければ望ましい。このような対応で何らかの対人関係の改善効果を感じられるまでには、おそらく膨大な時間が必要になる。カウンセラーも有限の学内資源なので、面談の時間や頻度などについては、明確な枠組みを学生と共有した方が長続きすると思われる。

事例2　水の面

にぎやかで落ち着かない四月、文教学部四回生の女子学生が相談申込に来た。その表情の薄い端整な顔立ちをみて私は、彼女が一回生のときに数回来談したことを思い出した。

「ひさしぶりですね。四回生になったのね」私は十分にこやかに声をかけたつもりだったが、彼女は、「おひさしぶりです。またお世話になります。就活がうまくいきません。よろしくお願いします」と相変わらずの淡々とした声で懐かしさもあらわさず無表情にぺこりと頭を下げた。

「水が変なんです」と三年前の彼女は言っていた。まずい、わけじゃないけれど、違和感があると。地元は天然水をペットボトル詰めして売っているくらいの土地柄なのだから、よそはまずくて当然だ、いずれ慣れるから、と親は言うばかりだと。私は確か、水の味がわかるのはスゴイ才能かもしれないよ、とか、味の違いを言葉にできたらソムリエなんかができる人なのかもしれないよ、とか、違和感で苦しくなるようだったら、そのペットボトルの天然水を買えば何とかなるよとか、言ったような気がする……。彼女もそれで少し気が紛れたか、一人暮らしを何とかスタートさせていったのだが……。

「文系で、特に資格もありませんし。事務職で応募していました。エントリーと書類審査や筆記試験までは何とか通りますが、面接や集団討論になると、落ちます。……緊張しているのかとか、何考えているのかわからないとか、もっと自分を理解しなさいとか、書類とギャップが大きいなどと言われました」

あぁ、きっと見た目には現れないまま、頭の中が真っ白になるか、緊張してうろたえているとかなのだろう。

「もともと何人もの人が話している状況は苦手で……。一人の人が話しているときは、そっちを見ていれば何とか大丈夫です。でも、声が重なり出すと、音になるというか、ついていけなくなります。そうすると、適当に相づちうっているみたいで、ちゃんと聞いてないでしょ、とよく言われていました。天然キャラだねと笑われて済んでいたので……」

複数人の中での様子を見たことはないが、一対一で静かな部屋で話しているかぎり、コミュニケーションに問題は感じられない。……あるとすれば、あまりに淡々とした表情と声だろうか。クールビューティ、というには自信がなさそうだし……ほんの少しにっこりすれば、一面のラベンダー畑の風情であろうに。

しばらく就活の面接がいつ入るかわからないので、不定期で来させてください、と帰っていった。とはいえ、結局彼女はその後ほぼ毎週通ってくることになった。


彼女は午前中の面談に遅刻することが多かった。たまに早く来て待っていると思ったら、徹夜明けのそのままだった。そしてしょっちゅうつまずいたりぶつけたりしていた。

「起きられませんでした。すみません」と淡々と頭を下げる彼女に、もう一歩尋ねてみたら、下宿での彼女の戦いがぽつぽつと語られた。

「就活に行くところが無くなるので、次々エントリーシートと履歴書を書かないといけないので…。書き方の本もいろいろ見て、企業研究が必要とあるので、ホームページをくまなく読んでみますが、それをどう使えばいいのかわからない……気付いたら夜明けで、寝たら起きられなくなります」

それでも書類選考は通っているので、膨大な時間の成果はそれなりにあがっているのだ。しかし応募している会社名を聞いてまた困惑した。誰もが知っている大企業ばかり業種一切定めず挑戦していた。これでは企業研究も準備もあまりに大変だし、競争が激しすぎるだろう。

「せっかく遠くの大学にまで出て来たのだから、次は立派な会社で働かないとと思っています。親もずっとそう言います」

「でも就職難だし、有名企業はどうしても競争激しいからめったなことでは内定出ないし、つらいのでは……」

「……でも親も知っているような会社でないと……ただ……正直なところ仕事をしている自分を想像することができません。ラッシュの時間に電車通勤は嫌だな……とか、会議とかあるなら話についていけるのかなとか、不安になります。でも会社で働く以上、仕方ありません」

大企業の募集がそのうち終わり、活動先をあまり名の知られていない会社に移さざるを得なくなってきて、彼女は徐々にうつ気味になっていった。説明会などに起きられずに行けなかった日には、そのまま外に出られなくなったりした。卒論の取り組みも気になっていたのだが、せっかく就活にあわせてきたのに卒論を始めると戻れなくなりそうだからと、同時進行はとても考えられない様子だった。

このまま時間が流れてしまうと、どんどん身動きが取れなくなりそうだ…睡眠のリズムと質を整えようよ、と精神科の受診を勧めてみた。彼女は意外にすっと素直に受診した。既にかなりつらかったのだろう。ところが薬の副作用がきつく出て、眠り続けてしまったりしてかえって身動きが取れなくなった。勝手に薬と通院をやめそうになる彼女に何とか、また受診して投薬量の相談をするように促した。

次に来たとき、彼女は、医師にごく軽い発達障害がベースにあるかもしれないと言われた、とぽつっと言った。その後ネットで調べてみて自分と似ている人のことが載っていたけれど、よくわからない、とつぶやいた。医師の言葉をどのように受け止めたのか、私は気になったのだが、まるで深い淵にとぷんと石が沈んだかのように、最初反応が見えなかった。しかし日を重ねるごとに、淵の底から波紋が返ってきはじめた。

「人の声が音になって聞き取れなくなるのも……?」

「平面でもよくつまずいているのも……?」

「授業のノートを取るのが苦手なのも……?」

「初対面の人が怖いのも……?」

「小さいころひどい偏食だったのも……?」

「下宿の部屋がどうしても片付かないのも……?」

「いったん集中すると止まらなくなってしまうのも……？」

「規則正しい生活リズムが作れないのも……？」

彼女が我慢や努力が足りないものと思って沈めていた困り事が、その言葉を探知機にして水底に見えてきたようだった。今までもっていた違和感がつながるのは、まるで就活で求められた「自己分析」が進んだような新鮮さをもたらしていた。でも、彼女にとって「普通の人の世界」が手の届かない向こうのものになってしまいそうで、すかんとした脱力感も漂っていた。就活はぷつっと止まり、落ち着いて取り組めなかった卒論の構想発表は散々なものとなった。猛暑のさなか、水の里に帰省した彼女は、しばらく帰ってこなかった。


後期が始まり彼女は再び相談室にあらわれた。

「帰省したとたん、電池が切れたみたいで、ほとんど寝ていました。調子がおかしいのを親もわかってくれたみたいで……就職の話と、卒論の話と、お医者さんの話をしてきました」

「よくお話ししてきたわね」

「はい。就職は、日本中就職難だからひとまず仕方ない、と言ってくれて……ちょっと落ち着きました。もう一年留年は経済的にきついから、とにかく卒業はして、実家でできる就活を考えなさい、と言われました。……それから、私のこんなところがあるのは、発達障害というようだと話したら、そんなのお父さんだって同じじゃない、お父さんはお仕事してるわよ、と言われました」

「それは聞いてどう思いました？」

「確かに似ているのかも、と。お母さんは何か怒っているみたいだったけど……似ているお父さんが仕事をしているなら、私にできる仕事もいつかみつかるかもしれない、って思いました」

「そうね、そうなるといいね……」

「これからは卒業論文を頑張ります。どうせ難しいことを同時にできないなら、一つずつやらないと」


その後ゼミの先生は卒論指導に苦労されたようだった。本を読んだらすとんとそのまままよく理解するものの、主張の違いを比較して自分の意見を書かせようとすると混乱して書けなくなる様子は、一対一で話すことはできても複数人になるとついていけなくなるという日常生活が原稿用紙にのったかのようだった。しばらくすると彼女は研究指導日には大きなスケッチブックを持っていくようになった。見せてもらうと、まるで複雑な双六のように縦横無尽にからみあった、本の引用やイラストやいきかう線が画面いっぱいに広がっていた。

「これが中学のころから好きな作品……主人公が少し私と似てるなぁって最近気づいて……SFだからそれを人工的に作られた「人種」と言ってる…現代社会の「人種」には科学的な違いはほとんどなくて…差別の歴史はあって…作者は以前から、異なる感性の排除の物語を書いていて…人種という言葉には…疎外と…融和とが感じられて、惹かれる」

「ワープロの上だと、よくわからなかったけれど、こうやって眺めていたら、少しわかってきたような気がします」と彼女は言った。

集中と放心を繰り返しふらふらになりながら、彼女は卒論を書き上げた。


その後また「電池が切れた」彼女は実家に帰り、親が引越しを手配し、卒業式の日だけこちらに戻ったようだった。彼女は挨拶に寄ってくれたようだが、本当に残念なことにすれちがって会えなかった。

三月の末に彼女からメールが届いた。無事卒業できたことと、お礼と、公務員試験の勉強を始めたことが書いてあった。添付の写真にはゼミ生だろうか一〇人くらいの晴れ着を着た学生が思いきりはじけた笑顔でおどけたポーズをとっている中、淡紫の振り袖を着た彼女がすっと立ち、かすかに、微笑んでいた。

事例の理解

発達障害のある学生で、喋ることに躊躇なく、むしろ黙って話をためておく方が苦手な印象のある、積極的に見える学生もいる。一方、寡黙で人といること自体でどこか消耗しているような、消極的に見える学生もいる。ここでは後者のタイプの学生の困難の例を示した。

就職活動では、「自己分析」が当然のごとく求められるようになっている。これまでの生きてきた軌跡を振り返り、自分が何者であるかをつかみ、それをもとにこの仕事を選んだ……と言えるまでに言語化する。学生たちは頑張っているが、これは本気で向かえば大変な作業で、本来なら各人各様のタイミングがあって、成されることなのではないかと思う。また社会に出てからも少しずつ変化していくものであるだろう。「何でそんなことまで画一的に同じ時期にやらされるのか」という不快感が、卒業期の相談にはいつもつきまとうが、これも「通過儀礼」ならではなのだろう。このような画一的な社会からの要請に弱いながらも、それをきっかけに、発達障害のある学生も、同じ問いに向い、標準偏差の大きい答えを少しずつつかんでいく。

カウンセラーの対応

学生が就活を続けている間は、エントリーシートに書く内容を話し合ってみたり、落ちた面接や討論の様子を聞いて、今度はどう受け答えしたらよいかを一緒に考えたり、その練習をしたり、などの具体的な支えが求められることが多い。共に落胆し、共に喜び、連敗する学生を支えている。また、少しずつ、別の進路の可能性についても示唆しながら、連敗からの軟着陸をどこかで探っている。

この学生は、就活の疲弊をきっかけに通院をはじめ、「発達障害」という概念を手にし、自身が今までいろいろ感じてきた不適応感を総合的に把握することができるようになる。もちろんその過程では、発達障害のせいにしすぎることもあったり、そんなことを忘れたかのように就活をしてみたりと揺れ続けるだろう。学生によってはインターネットなどからその概念を得て、玉石混淆の情報に惑わされ大きく揺れることもある。

ただ、その自己理解は、就職して企業でお勤め、という一般的（にみえる）ルートに適合しにくいことの理解でもある。「あぁ、そうだったのか」という得心と「だからといって進路は決まらず現状何も変わらない」という焦りを含んだ虚脱感が同時にやってくるのが、卒業期の、さまざまな時間制約がある中での難しさでもある。

支援のポイント

卒業期の危機は、進学を選んでも陰で生じている。研究の才能とコミュニケーション不全への不安が、ハラスメント問題として持ち込まれた場合、その当事者たちに発達障害が潜むと考えると納得がいくことは少なからずある。しかし人生の節目でいきなり発達障害の概念をもちだして対応するとより混乱を招く。障害という言葉では言及せず、でもその特性を理解し、必要で可能なハラスメント対応をするためには、通常時から学内で発達障害に関する啓発が必要であると思われる。

就職を選ぶと、就活の面談や自己分析をきっかけに自己理解を得ることが多いが、就活の苦戦により否定的な思い込みになりがちである。しかし学生の専攻によっては、卒業論文などへの取り組みを通じ、別側面からの自己理解が深まる場合もある。また、社会に出ることについて親とあらためて話し合うと、思い込みを修正したり、現実的な着地点を見いだすことができる場合もある。できるかぎり、現代の就活で求められる側面に偏らない、さまざまな側面からの自己理解が総合的に生まれるよう、面接で語られる話を丁寧にひろっていきたい。いずれ別れることを前提に、小さな希望を大事にしていけるよう、その人なりの成長を一緒に探していく。そのように会う時期でありたい。

文献

中川純子　二〇〇六　アカデミック・ハラスメント雑想　京都大学カウンセリングセンター紀要、第三五輯　三一―四〇頁

吉田昇代　二〇一〇　卒業期の相談と対応　卒業期とは　鶴田和美・桐山雅子・吉田昇代・若山隆・杉村和美・加藤容子編著　事例から学ぶ学生相談　北大路書房　一〇三―一〇五頁

第9章　大学院生として——研究者の卵としてぶつかる壁

石金　直美

はじめに

本章は、大学院生期を中心に取り上げる。高度な専門性を求める社会の要請に応えて、大学院重点化が進み、定員が増えた昨今、研究者を目指すわけではない学生たちも修士課程への進学の道を選ぶ。とりわけ理系学部では、ほとんどの学生が進学を当たり前のように選択する。今日、社会人になるためには、高度なコミュニケーション力か、でなければ高度な専門性を身につけることが必要とされる。コミュニケーション力に自信のもてない学生にとっては、大学院進学は必然的な選択なのかもしれない。

学部時代の成績が非常に優秀で大きな期待を担って研究室に入ったものの、研究で思ったような成果が出せずつまずく大学院生。就職していく自分が思い描けず、とりあえずこれまでと同じ頑張り方が通用するはずの道を選んだが、やはりその先が見えてこなくて、急にしゃがみこむように、通学できなくなる大学院生。他大学から、優秀な成績と相応の自信をもって進学してきたのに、周りの学生と自分を比べて落ち込み、燃え尽きるように意欲を失ってしまう大学院生。さまざまな大学院生たちが相談室にやってくる。小中高大と長きにわたった学校生活では、教えられることを吸収すればよかった。しかし大学院では、プロフェッショナルな研究者に交じって、研究者の卵として生活することを暗に求められる。その壁を前にして定型発達の範疇に入る学生たちでさえ、戸惑うことが多い。「これまではそれなりにやってこられたのに、ここにきてこんなことになるはずじゃなかった……」そうしたつぶやきを何度聞いてきたことだろうか。場に応じて柔軟に行動パターンを変えるのが苦手な場合が多い発達障害（とその傾向をもつ）学生であれば、その困難はなおさらである。

大学院生活の壁にぶつかって示す反応はケースバイケースであるが、発達障害（とその傾向をもつ）学生の場合、研究生活でのつまずきそのものを悩んで自主的に来談することはまれである。「ゼミの発表をすっぽかしたのを境に研究室に来なくなってしまった」「本人に聞いても周囲に聞いても何が問題になっているのかよくわからない」「指導教員や研究室の仲間と衝突してしまい関係がこじれて修復不能になってしまった」といった事情で、指導教員など、周りから来談を勧められる。とりあえず言われるままに来たものの、本人としては何かに悩んでいるという自覚はない。「相談したいこと、と聞かれても……？」ときょとんとしている。本章で登場する渡辺君もそんなケースである。

以前筆者は「発達障害は現場で起こっている」と述べた（石金、二〇〇九）。相談室の中ではなくサークルや研究室や大学の窓口で、心的世界の中ではなく外的現実において、発達障害は露わになる。発達障害（とその傾向をもつ）学生の事例は多様で、現場では試行錯誤の連続である。カウンセラーとしても、割り切れない思いが入り乱れ、混乱の中で右往左往せざるを得ない。本章では、そうした割り切れない思いや迷いをなるべくリアルに描き出したいと思う。

事例1　出会いから、自己表現の通路・ツールの模索

（あの先生からの紹介かあ……。研究指導に熱心ないい先生だけど、学生の思いと方向性がずれてしまうと、押し問答になってしまう……。今度の学生もそんなケースだろうか？）初めての学生と出会うときには、この仕事を何年やっていても軽い緊張を味わうものだ。最初の出会いで、ここに来れば何とかなるかもしれない、という希望を抱いてほしい。また、小一時間のうちにさしあたっての見立てをもたなくてはならない。頭をフル回転させつつ、外にはゆったりと落ち着いた「大丈夫」感を醸し出したい。

背中を丸めたように腰の低い歩き方で入ってきた渡辺君は「どうも。よろしくお願いします」とぴょこりと頭を下げた。中学生のような、すれたところのない、素直そうな男の子。二〇代半ばの男性に「男の子」や「君」づけはふさわしくないだろうが、マンガに描きやすそうな、きょとんとした表情から思い浮かぶのはやはり「男の子」だ。まずは相談申込票への記入をお願いする。「相談したいこと」欄ではたと手が止まる。しばらく見守っていたが、どうやら助け船がいるようだ。

「どういうきっかけでここに来ることになったかを書いてくださったらいいですよ」

書かれた言葉は、「教授に行けと言われた」。素直な中学生のような印象と、トゲのある言葉とのギャップに軽いひっかかりを覚える。

教授に相談室に行けと言われた事情はこうだ。修士課程修了後就職しようと考えていたにもかかわらず、教授に博士後期課程への進学を強く勧められた。それなりに覚悟を決めて進学したのだが、指導を仰ぎに行くと教授が逃げる。自分で考えろ、と指導を投げ出される。ついカッとして、夜間の人気のない研究室でゴミ箱や

教授室のドアを蹴ったことが発覚したことから、相談室に行くことを勧められた、というのだ。

カウンセラーの私の元には、あらかじめ教授から補足情報が寄せられている。学部時代の成績は非常に優秀、与えられた指示を実行する能力は非常に高いが、修士論文の質は期待ほどのものではなかった。研究立案や、考察のストーリー作りとなると自分で考えてくることなく、細々と聞きに来る。「自分で考えてくるように」と返しているうちに、指導をしてくれない、と怒りだし、関係が険悪になってしまった、という。

他の学生たちの話によると、「問題を与えられ、解き方を教えてもらえば解けるのが学部。与えられた問題を、自分で解き方を考えて解けるのが修士課程。問題を自分で立てて解けるのが博士課程」なのだそうだ。教授は、博士課程の学生なのだからもう少し自分で考えてくるように、と指導したのだろう。だが、渡辺君は、無理矢理進学させたくせに指導を放棄されたと体験したようだ。学部や修士時代と違ってぐっとハードルが上がった研究指導の仕方への戸惑い、それに応えられない自己不全感やいら立ち、頼りたいのに突き放されたという心理的な恨みが一体になって、教授に対する怒りとして向けられているのだろうか、と想像してみる。

「きちんと指導してもらえないために、こんなに回り道させられてしまった。社会人になるのには少しでも若い方が価値があるのに、留年したらどうしてくれるのか」

目の前の渡辺君は教授への怒りを淡々と、しかし辛辣な言葉で並べていく。教授さえいなければすべてがうまくいっていたのに、と言わんばかりに。表情や語り口調はあまり変化がない。時折、予期せずにひどくまずい食べ物を口にしてしまったときのような、生理的嫌悪感が一瞬よぎるくらいだ。渡辺君が挙げていく教授に言われた「許せない」セリフの数々。さまざまな文脈の中で感情的になって教授が勢いで漏らしたであろう一言が、彼の心の中ではその部分だけが切り取られて生々しく刻印づけられてしまったのだろう。

研究に集中できない、やる気が出ないという抑うつ的な訴えもあったため、学内の精神科受診を勧めると、意外にあっさり承諾してくれた。自分の方がおかしいというのか、と反論されることも予想されたのだが。

保健センター傘下に学生相談室が置かれている強みは、医療との連携体制をとりやすいところにある。精神科との連携がカウンセラーの安心感の土台となり、心理療法的なかかわりに足を踏み入れることも可能になる。社会に出る直前、最後の学生期、大学院生期だからこそ、思うに任せない「自分」との格闘を通して、あるがままの「自分」をしっかり見つめてほしい、と思うのだ。


渡辺君の、感情の乗らない、淡々とした語り口は面接を重ねていっても変わることはなかった。問いかけには真面目に答えてくれるので、日常生活の様子はおぼろげには伝わってくる。しかし、彼の方から困っていることなどを自発的に語ってくれることはほとんどないため、話のタネはすぐに尽きてしまう。これまで生きてきた歴史なら生き生きと語ってくれるかな？ 趣味の話題なら広がるかな？ とあの手この手を尽くしてみる。

「下宿ではどんなことをしているの？」「ご飯を食べて、風呂に入って寝るだけです」「その他は？ 寝る前のひと時とか、休みの日とか」「テレビを観たりします」「たとえば？ 好きな番組とかある？」「深夜のアニメ番組を観ることが多いです」「へえ！ どんなものが好きなの？」「歌が好きなんです」

「家では深夜のアニメ番組をよく観る」と内容だけを面接記録に書いてしまうと、面接場面の実際の流れとは似て非なる記録が残ってしまう。私が作り上げたシナリオに従って彼が演じたかのように感じてしまうのだ。

「こういうことなのかな？」「こんな感じ？」と問うと「そうですね」と答えることが多い。聞かれると何となくそんな感じがするといった程度の肯定なのだろう。彼が自分から語り出すのを待っていては内容はなかなか広がらないので、私から当たりをつけて問いを投げかけざるを得ない。しかし、それでは、私が想像で作り上げた渡辺君像を捏造することになりはしないだろうか。そこにジレンマがある。そこで、なるべく生の記録が残せるよう、面接中に彼と私が語ったそのままの言葉を記録することにした。語った内容より、語り方にこそ彼らしさが表れる気がするからだ。それでも、後で記録を読み返すと、スムーズに会話が流れていったかのように見え、私の心の中の格闘はそこには表れ出ないのだった。

アセスメントのため、バウムテスト（実のなる木を一本描く描画テスト）と風景構成法（一〇個のアイテムを順に提示して風景として構成する描画テスト）を実施してみる。渡辺君のテスト結果から、顕著な病理的サインは見られなかった。しかし、ステレオタイプな描き方が目立ち、心の中の世界が映し出されたものとしてイメージを読み取ることは難しいように思われた。

彼自身による自己表現の通路・ツールを何か見つけたい。箱庭ならどうだろう？　それなら、私がそれらしい流れを作り出してしまうことなく、生の軌跡が残る。何もないところから言葉やイメージによって自己表現するのに比べ、箱庭では、たくさんのフィギュアたちが表現欲を引き出してくれるだろう。何より、彼と私の間で、共に眺めることができるのがいい。

早速勧めてみると、何の抵抗も示さず置いてくれた。一〇分とかからないうちに「できました」。真っすぐのびた、舗装された道路のパーツがある。それがT字路状に置かれ、その傍にビルと家がぽつんぽつんと置かれる。直線と縦横の世界。針葉樹が植えられたところに少しの潤いが感じられた。人は全く現れない。

その後も彼が作る箱庭は、実家の周りの風景、いつも買い物に行くショッピングセンターの周辺、以前訪れた旅先の地形など、具体的な体験に基づいて風景を直接写しとるようなものばかりだった。地図記号の替わりにミニチュアが置かれた地図、といった趣だ。それでも抵抗なく砂を触ることができるのは、好ましく感じられた。汚れることを気にする人は砂に触れることを嫌がる。砂の感触を心地いいものと体験するためには、かつて砂場で夢中になって遊んだ子ども心や遊び心が必要なのだ。豊かな内的世界の表現とは言い難いが、毎回砂やフィギュアたちと戯れながら箱庭を置く体験は、彼の心の中に何か新たな風を吹き込んでくれるだろう。何より、題材の選び方、置き方の形式には、彼らしさが非常によく表れている。これも彼の自己表現なのだ。私の言葉に乗せてしまうよりは、ずっとマシだ。とりあえず、箱庭の力を借りてみることにしよう。

続けて箱庭を置いてもらっているうちに、直線道路の上に車やバイクが置かれるようになり、カエルや魚、そのうち犬や猫といった動物が時々登場するようになった。時間が止まったような静的な世界に少しだけ生気がもたらされるように感じられ、うれしくなる。箱庭制作が二〇回を越えたころ、「交通を取り締まるお巡りさん」が初めて登場したときには、心の中でこっそり拍手したくなった。また、平面地図様だったのが、高低差や奥行きを表現しようとするようになった。二次元から三次元へと開けてきているようだ。箱庭のフィギュアたちがもつリアルな存在感が渡辺君の心を少しずつ揺り動かしてくれたのだろうか。ミニチュアがたくさん置かれた棚のうち、彼が触れる領域が少しずつ増え、置かれるミニチュアの内容のレンジが広がる……。それに伴い、彼の心の中の世界もつながりや広がりが展開していってくれるのでは、と期待がふくらんでくる。

そのころ、渡辺君から珍しく夢が報告された。「世界史や古典のような、高校であまりやらなかった授業を今大学で受けている」というものだ。発達障害（とその傾向をもつ）学生に子ども時代の思い出や生育歴を問うても、「あまり覚えていない」ということが多い。また、彼らは未来展望を思い描いて今の行動を選択することが難しい。過去と未来が連なった線上に「今」があるのではなく、積み重なることのない、点のような「今」がずらっと並んでいる時間感覚の中で生きているようなイメージなのだ。世界史や古典を学び始めた彼の中には、過去があって今があり、それが未来にもつながっていく時間軸の流れが息づいてきたのだろうか。

事例の理解

既に述べたように、今日では、必ずしも研究職を目指すわけではない学生たちが進学してくる。研究を指導する教員の側では、かつての自分たちのように、自ら研究を立ち上げ、形作っていける研究者を志して、道を切り開いていける大学院生を期待する。

小中高校までの勉強は、きちんと学べば必ず理解できるはずのものであり、ゴールもルートもはっきりした登山道を登るようなものだ。大学入学を果たした学生たちはその点、十分に達成する能力をもっていたのだろう。学部時代は、広くて深い学問の道に誘われ、その果てしなさに幻惑される。マークシートで正答を当てればよかった昨日までの高校生が、大学の試験やレポートでいきなり「論ぜよ」と言われても、何をどう論じたらいいものやら、戸惑うのも当然だ。それでも、テキストはあるし、導いてくれる教員や研究室の先輩がいるのだから、完全に迷子になってしまうことはない。特に理系学部においては、学部時代には、専門分野に関する、すでに体系だった知識を貪欲に吸収することが求められる。

それが、大学院に進学すると、いきなり答えのない問題に取り組まされるのだ。「結果の見通しが立つことなら頑張れる。研究はそれがないから辛い。先生に聞くといろいろ提案をしてはくれるけれど、これが正解、というのは先生自身もわかっていないみたいで……」という、何人かの大学院生の口から漏れたぼやきを思い出す。最先端の発見、新たな知の創造を目指して研究をしているのだから、誰も答えを知らないのは当然なのだが。鶴田（二〇〇六）は、学部から大学院への移行の難しさを、知識の「消費者から生産者への移行」と表現している。たとえ指導教員であっても先に立って導いてくれるわけではない。あくまでも大学院生自身が、いつたどり着けるかわからないゴールに向かって、失敗の連続にもめげずに、自分の研究テーマと主体的に取り組むしかないのだ。研究者の卵として大学院生期の壁を乗り越えるプロセスは、「知的イニシエーション」と表現してもいいのではないだろうか。誰しも、最初はどうしていいかわからず戸惑う。それでも、多くの大学院生は、同輩と愚痴をこぼし合いながら、見よう見まねで先輩を真似たり、プライドをかなぐり捨てて教員や先輩に教えを乞うたりして、何とかそれらしい研究を仕上げていくのであろう。

発達障害（とその傾向をもつ）学生の場合、与えられたものをそのまま吸収するという局面では優れた能力を発揮する者が多い。真面目に授業に出席し、テキストできちんと勉強をすれば、学部時代には優秀な成績を修めることができる。また、目標とやるべきことがはっきりしている場合には、限度を知らないかのような、驚異的な集中力を示すこともある。カウンセラーとしては、全力疾走でマラソンに臨んでしまうことのないよう注意する必要があるくらいだ。

しかし、研究者としての自立を要請される研究室に入って、初めての挫折を体験する。渡辺君の例のように、学生の意識と教員の要求水準のずれが修正されないまま、関係そのものが悪化してしまったり、意欲が低下して不登校になってしまったりする例は多い。コミュニケーションの苦手さから、周りの人の支えを引き出しにくいのも、彼らがつまずきから立ち直りにくい一因であろう。

社会全体にこれだけ高度な分業化が進んでいるのであるから、研究分野においても、必ずしも一人が研究のすべてをプロデュースする必要はないのではないか、それぞれの工程のスペシャリストとして特性を伸ばし、評価されるようになればいいのに、と私は常々思う。発達障害の特性をうまく活かすことにより、実験やデータ解析、資料収集に優れた力を発揮するかもしれないし、独創的な視点を展開することも可能かもしれない。発達障害（とその傾向をもつ）学生の特性を最大限活かすには、バランスの整った研究者として形をまとめあげることを目指すより、でこぼこのある彼らの在り方の中に可能性を発見し、その特異性に磨きをかけるべく導いてくれる指導者が必要なのではないか。学生相談室が教員と学生の橋渡しをすることによって、それを促したいところである。

カウンセラーの対応

研究室内人間関係のこじれや不登校といった表面化した問題の背後には、前節で述べたような研究上のつまずきが見え隠れするのであるが、発達障害（とその傾向をもつ）学生の場合、事例のように、学生本人にその自覚があまりないことが多い。彼らにとって、主観的には、あくまで問題は自分の外にあり、いたしかたなく困った状況に追いやられてしまったのである。

カウンセラーとしてどこまで彼自身の不全感に直面させていくか、大いに迷うところだ。自らの不可能性の自覚は、「私」を他者と分かつ輪郭を浮き上がらせてくれる。大抵「私」という意識は「私は〇〇〇〇ができない」「私には□□□□がない」という否定形の形で生じてくるのだ。過剰な自意識と劣等感にさいなまれ「私って何？」と頭を抱えこむ思春期を思い出せば理解しやすいだろう。

渡辺君の場合も、主体的、創造的に研究を進めていく際のつまずきを深く自覚できたなら、一層事例の展開は深まるだろう。しかし、発達障害（とその傾向をもつ）学生の場合、はっきりとは意識していなくても、漠然とした自己不全感や、自分なりに頑張っても周りの人のようには報われてこなかった恨みを内に秘めていることが多い。それが、外側に投げかけられて、うまく育ててくれなかった親、認めてくれなかった級友たち、うまく導いてくれなかった教員たちへの恨みになっているのだ。それを自らのうちに引き戻すのは、大変な作業である。下手をすれば、カウンセラーも、彼らを理解せず非難する世間の側に組み込まれてしまう。渡辺君の例では、カウンセラーの中で仮説としてもつに留め、あくまでも彼が主観的に語る被害的ストーリーに大きく異を唱えることはせず、ついていく形をとっている。逆風が吹き荒れる大学の中で、学生相談室が彼の安全基地となるため、と言えば聞こえは良いが、茨の道を回避したと批判されても仕方のないところではある。

事例2　そして事件は起こった

箱庭や夢にそれなりの変化が見て取れ、私の中にも少しずつ先の展望が開ける希望が芽生えてきた。少しずつ、面接室での彼の語りはQ&A方式ではなくなっていき、彼の日々の生活を、私がリアルにトレースできるような語りになってきている。彼の自己表現は少しずつ幅と厚みを増してきたようだ。また、日々のストレスマネージメントもかなり上手くなってきている。その一方で、教授への怒りの語りは全く変わらない。自分にとってはそのように体験されたという私的な心的現実としてではなく、彼の中で、動かしがたい既成事実として凝り固まってしまうのではないかと不安になってくる。何とかこの怒りを別の方向に向けたり、ほぐしたりすることはできないだろうか。試行錯誤してみるしかない。

危険を肌で感じたのか、私からお願いするまでもなく、教授の方で、渡辺君と顔を合わせなくて済むよう、直接の指導を別の先生に委ねてくださった。新しい先生は、物静かで淡々とした方だ。渡辺君のような学生にとっては、ポジティブ、ネガティブを問わず、感情的なトーンの会話は、刺激過剰で負担になる。今度の先生はおそらく適任だろう。

「教授との関係を改善しようと思わずにやっていきましょう。彼の人生がうまく前に進めば、怒りへのとらわれは自然と薄まると思います。彼が研究を進めていくことができるよう、少し丁寧にご指導をお願いします」

とお伝えする。私はその続きの言葉をそっと飲み込んだ。「うまくいかなかったときに、あのときの教授のせいで……と恨みが再燃する可能性は十分にあります。学生相談室がかかわっている間に恨みの着地点を見つけられればいいのですが……」そんな弱気は私の心の中だけに秘めておくに限る。

ある日の面接場面。いつものように教授への恨みを語る渡辺君。

「この後、教授の部屋に行って刺してやりたい」「その他に、今したいことはない?」「髪を切りたい」「じゃあ、まず髪を切って、それから考えてみて」祈るような気持ちで面接室から送り出した。

次の回までに緊急連絡が入ることはなかったので、大事がなかったことは想像できた。それでも不安な気持ちを抱えながら次回の面接を迎える。何事もなかったように研究の進捗について語り始めるいつも通りの渡辺君である。

「前回、教授を刺したいと言っていたけれど、どうなったの?」「言われたとおりに髪を切って家に帰りました」

喉元過ぎれば熱さを忘れるって? 肩透かしを食らって、力なく笑うしかない心境だ。彼の怒り、恨みの根の浅さ、粘り気のなさに唖然としてしまう。通常の心理療法においては、他者に向けられた強い怒りは、その人自身のコンプレックスと向かいあう、自分の中で未開拓な心的部分に光があたる、といった新たな展開可能性を含んでいることが多い。だからこそカウンセラーは怒りを鎮めることより、怒りを十分に体験してほしいと願う。できればそれがイメージや夢などの内的世界でだけ生じてくれればありがたい。直接的で、不幸な結末を生む行動化に結びつきませんように、と祈りながら、その先に、どう突き抜けていくかに賭けるのだ。もちろん、学生相談においては、通常の心理療法よりはラディカルな変化よりマイルドな成長を目指すことが多い。渡辺君の浮動性の怒りには心理療法的な変化可能性はあるのだろうか。思わず首を傾げたくもなる。

笑いに転化する作戦はどうだろう。別の回の面接で。

「教授をぶっとばしたい」「それをやると、渡辺君自身が大学にいられなくなる。教授の方も苦笑いで済ませることができるようなやり方はないかなあ」「バケツかぶって歩いて顔を見せなければいい」物理的に顔を見なければ済む話？「それでは教授も歩きにくい。顔を見かけたらあっかんベーするとか」「それでは気が済まない。おもちゃの拳銃で撃つくらいしないと」「弾の回収と補充が面倒くさいから、水鉄砲でどう？」「それくらいならまだいいかな……」


とりあえずわれわれの間で折り合いがついた水鉄砲作戦は、新しい先生にあっさり却下されてしまった。作戦実現には失敗したが、笑いに転化できると面接場面での彼の怒りのヒートアップはあまり起こらず、和やかな会話の流れになることがわかった。彼の怒りが突出しそうなハプニングの瞬間に第三者がうまく居合わせてくれて、彼の怒りを笑いなど別方向に向けてくれたら、不幸は起きないのだけれど……。以前の、一触即発の状態よりは、回避可能性が見えてきただけマシだが、彼自身の力で自分の感情を転換するのはもう一段階先の課題のようだ。


夏休みで相談室の面接に休みが入ったときに事件は起きた。彼と教授が顔を合わせる機会は、双方が時間的棲み分けを図ったために、これまで皆無に等しかった。だがその日、たまたま渡辺君がトイレから出てきたときに、入ろうとした教授と鉢合わせしてしまったのだ。教授は自室にいるはずだと渡辺君が思っていた時間帯の出来事だった。

「何でおんねん！」「落ち着いて」

教授のその声かけが火に油を注ぐ結果になってしまった。逃げるように教授室に戻ろうとする教授を追いかけ、自分の時間帯であることを強く主張する渡辺君、「厚意から出入りを控えているだけで『君の時間』ではない」と教授。カッとなった彼は手近にあった本を壁に投げつけ、教授の頭をぱしっと叩いてしまったのだ。

大学内で学生が教員に暴力行為を行なったことは大問題である。すぐに教授からのメールが私に入った。「教授会や保護者にも報告する。カウンセラーとしての意見も聞きたい」とのことだった。とりあえず、電話で教授との面談日時の設定をしてその日は帰宅することにした。起こるべくして起こったことのような、回避できるはずのことだったような……。この危機が何かの突破口になりはしないか、転んでもタダでは起きたくない……。さまざまな思いが頭を巡る。

その晩、私の夢に渡辺君が出てきた。

『渡辺君が何かを食べている。それが毒の入ったもので、死のうとしていることがわかっている。舞台の上に椅子が一つ置かれて、そこで食べている。観客の私にはどうしようもない。このあたりで、息子に替わった? 息子が死のうとしている、と思ってものすごく悲しい。夢の中でも現実にも泣きながら目が覚めた』

彼のケースは現実的な判断や対応が必要となることが多いため、それなりにエネルギーを注いでいる感はある。確かに事件のことは気にかかっていた。しかし、面接場面での彼との関係は非常に淡々としたもので、こんな形で私の夢に登場するほど無意識の領域でまで深い関与をしている自覚はなかったので、正直、驚きだ。舞台の上の彼と、観客の私。その距離感とかかわれなさ。無力感が最後の涙になったのだろうか。

教授は顔をこわばらせて面談の場に姿を現した。こんな思いをさせてしまってごめんなさい、と心の中で頭を下げつつ、外には毅然とした専門家としての態度を貫かないといけないと気を張る。

「渡辺君は発達障害の傾向をもっていて、突発的な出来事に遭遇すると感情のコントロールが難しいのです。

でも、今回のことに関しては、彼は自分の行為に対する責任をしっかり引き受ける必要があります。他の学生の場合と同様の対処をしてください。私の方でも保護者との面談を設定します」と私。教授には「発達障害については私も理解するように努めます。保護者にも同様の理解をもって協力していただけるよう話してください」と強く言われた。宿題を課せられた気分である。

発達障害の診断は各種の検査や生育歴の聴き取り、専門家による問診などの手続きが必須である。学生相談における「見立て」と、医学的「診断」は異なるものだ。見立ては、カウンセラーがどのようなスタンスに立ってかかわっていくか主観的に判断していくためのものである。私の「見立て」を保護者に伝えたら、専門家の確定診断のように受け止められるのではないか。迷いはあったが、教授の宿題で覚悟を決めざるを得ない形になった。

両親が遠路はるばる足を運んでくださった。ひたすら頭を下げ、委縮したご様子だ。

「何でこんなことをしたのか、と説明させてみるのですが、何を考えているのか理解できないのです。この先どうなるのかと不安そうに元気をなくしてはいるけれど、反省しているのかどうかも正直言ってわかりません。どうしたらいいのか……」

「彼が特別に攻撃的な性格だという訳ではないのです。突発的な出来事に出合ったときに、自分の感情の動きを意識して、行動に〝待った〟をかける力が発展途上なのです。感情を抑え込むのではなく、自分で理解できるようになっていく力を学生相談の中で培おうとしてきている途中です」

「そう言えば、昔から、普段は目立たなくておとなしい子なのですけど、たまにびっくりするような行動をとることがありました……」

教授に対して行なった説明と同様に、発達障害の傾向と感情コントロールの難しさについて伝えた上で、彼の今回の行動を私なりの解釈で説明してみたところ、両親も、腑に落ちるところがあったらしい。共通理解をもって協力していただけそうな雰囲気になってきた。教授の宿題に密かに感謝、である。

渡辺君自身の反応は……「あれはしつけ、調教です。暴力ではありません」そうきたか。

「相手は暴力を向けられた恐怖心を十分に味わったと思う」

「それくらい感じて当然です」

私の、常識的な立ち位置で発してしまった言葉に対して、彼の反発は頑なだ。これでは、彼と同じ側に立っていたはずの私が、糾弾する側に組み込まれてしまう。そうなると、思いのままに対話する関係が壊れてしまう。それはまずい。しかし、大学の一教員でもある私の良識が、中途半端な態度を生む。彼目線に立てば理解できる行動ではあるのだが、きちんと罪悪感をもってほしい、教授や大学側に対して真摯に反省する姿を示してほしい、とつい考えてしまう。とりあえず教授のところに謝りに行こう、という線で折り合いをつけることができた。

幸い、教授が彼を擁護する形で動いてくださったこともあり、大学側から処分が下されることはなかった。これで、彼の恨みは相殺されるか?と淡い期待を抱く。

「今回は助けていただいたけれど、それとこれは別です」

取り付く島もなかった。しかし、向けられた怒りの強度は、以前に比べてボリュームが一から二段階下がったようだった。

以後の経過は簡単に述べるにとどめよう。この件以降、両親が全面的に彼をサポートしてくださったこともあって、学位論文をまとめて、無事、就職していくことができた。新しい担当の先生との綿密なディスカッシヨンを通して論文執筆作業の見通しを確かにつかんだ渡辺君は、持ち前の集中力と緻密な仕事ぶりを十二分に発揮することができたのだった。卒業を迎え、最後の面接で渡辺君が置いた箱庭は……研究を行なってきた建物と、面接を重ねてきた保健センターが地図のように配置されたものだった。やはり彼らしい箱庭である。保健センターの前には、精神科医師だという男性のフィギュアと、私だという女性のフィギュアが置かれていた。

事例の理解

発達障害（とその傾向をもつ）学生の事例においては、行動化の危険を念頭に置いておくことが必要な場合がある。カウンセリングの中で、少しずつ自分の感情について語ることができるようになり、行動に直結する前に話し合い、支えることができるようになってきたと感じて少し安心していたころに、予期していなかったような行動化に出合う。彼らとの普段の面接光景や経過は淡々としていて、ひっかかりの少ないものであるだけに、予期せぬ行動化に出合うと、急に目の前に彼らの存在感がぬっと表れ出て、驚かされる感じがするのだ。

渡辺君の事例において、教授との関係は、語れば語るほど彼の中では被害的なストーリーが固定化していくようだった。おそらく教授の側からすれば言い分はたくさんあったことだろう。

発達障害（とその傾向をもつ）学生が話を要約すると、部分部分では実際の通りなのに、全体の図が、全く異なった色合いで、多くは被害的なトーンで描き出されるのに驚かされることがある。他の人から聞くと、多義性や曖昧さを含みこんだ語りであり、聞き手によって解釈の可能性がいくつも残されている開かれたテキストとして受け取れる。それが、発達障害（とその傾向をもつ）学生が語ると、具体的なセリフを事実通りにつなぎ合わせているのだが、単一の色調の中に流し込まれ、他の解釈可能性を残さない閉じられたテキストとなってしまう。語り手としては現実的な事柄を中立的な立場で述べているつもりだったとしても、その事実が学生の望む方向と異なっている場合、被害的に受け取られやすくなるのだ。発達障害のある人の場合、口頭で伝えられる情報は正確にキャッチしにくいため、視覚的に提示されることが望ましい、とよく言われる。ある方向の身構えをもって言葉の流れにさらされれば、自分の予測と合致した部分が選択的に記憶されやすくなるのだろう。彼らの人間関係が、好悪のどちらかに傾き始めると、みるみるうちに修正不能なほど偏りが甚だしくなっていってしまうのは、こうした認知的な要因の関与も大きいのかもしれない、と思う。

渡辺君が起こした行動化は、幸い、取り返しのつかないほどのものではなかった。かなりカウンセリングの流れの中で理解できるものだと思う。他者とじかに接することから身を守るように繭の中で眠っていた「主体性をもった自分」が、カウンセリングでの対話、精神科医やカウンセラーとの信頼関係、箱庭や夢といった自己表現の通路を介して外界に生まれ出るためには、契機が必要だった。彼の主観的な世界での被害感が、外的現実とスパークするように触れ合った瞬間に、暴力という方法であったにせよ、外界への回路が開き、彼が世界に押し出された、と言ってもいいのではないか。

カウンセラーの対応

渡辺君の行動化は、結果として、教授と保護者とカウンセラーを結びつける端緒を開いてくれた。行動化を完全に回避するべきものと捉える必要があるのか、という観点から事例の行動化とその後の経過を見直してみたい。

私から教授に対しては、彼の発達障害傾向について理解した上で、今回の行動を捉えていただけるよう、説明を試みている。だからといって、行動の結果を小さく見積もって対処に手心を加えていただく必要はない、とも伝えている。カウンセラーとして、彼を理解するべく努めるし、周囲の人にも理解してもらえるよう働き掛けたいと思う。その一方で、主観的世界にひきこもるのではなく、行動化によって、せっかく外の世界と触れあったのであるから、その結果もたらされる現実とも、きちんと向き合ってほしいとも思う。ここでカウンセラーが現実の荒波を遮って彼を覆うように守ってしまえば、せっかくのチャンスが失われてしまうのだ。それは、心理療法が提供する「守り」とは全く異なるものである。

渡辺君の事例の経過を通じて描いたことは、面接内で内的変化の手応えを感じた少し後の時期に、現実のトラブルが起こる、ということだった。そう考えると、一概に「トラブル」とも言えない気がしてくるのである。内的変化が外的世界とつながるとき、他者との衝突が起こるのは必然なのかもしれない。彼の恨みが、彼の主体性の生成に一役担うことができたかは、疑問が残るが、行動化に関して言えば、トラブルが起きる度に彼の存在感はくっきり浮かび上がってきたように感じる。そして、トラブルへの対処を通して、自分の行動の責任を担う主体性をもった個人としての輪郭が作り上げられてきたように感じるのだ。危機は変化のチャンス、という一般的な心理療法の定石は、発達障害（とその傾向をもつ）学生との相談においても案外有効なのかもしれない。もちろん、彼らの内的変化を期待する、カウンセラーのファンタジーに過ぎない可能性も頭の片隅においておく必要があるのだが。

支援のポイント

発達障害（とその傾向をもつ）学生に対して、学生相談室は何ができるか。さまざまな事例を経験すると、簡単に内的成長を目指すと言えるほど楽観的にはなれなくなる。「発達障害者は発達する」（神田橋、二〇一〇）という名言があるが、まだ二〇歳前後の若者であれば、相当の伸びしろはあるはずである。成長ファンタジーにすがりつくのも適切ではないのだろうが、希望を捨てたくない。

発達障害の特質をもつ人との心理療法においては、守り育てるだけでなく、適度に現実に押し出しながら、スパークが起こる瞬間を捉えていくというイメージを筆者はもっている。彼らの恨みをどう着地させるか、行動化が破壊的なものにならず変化のチャンスと成り得るには、どんな要因が必要なのか、まだまだ考えるべき点は多く残されている。発達障害が発達するように、彼らとの心理療法・学生相談も今なお発展途上にあり、多くの人の知恵を寄せ合う段階にある。本章で提起したこともその一助となれば幸いである。

文献

石金直美　二〇〇九　学生相談室からみた発達障害　伊藤良子・角野善宏・大山泰宏編「発達障害」と心理臨床　創元社　三四一頁
神田橋條治　二〇一〇　発達障害は治りますか？　花風社　一一頁
鶴田和美　二〇〇六　学生相談で語られる学業と研究の話題　鶴田和美・齋藤憲司編　学生相談シンポジウム　培風館　五一頁

第10章　卒業後——社会で生きるということ

千田　若菜

はじめに

発達障害者支援法の施行（二〇〇五年）や障害者雇用促進法の改正を経て、知的障害を伴わない発達障害のある人も、精神障害者保健福祉手帳を活用し、障害者雇用枠での就労が可能となった。また医療側の認識も変化しはじめ、診断を出す医師も増え、青年期・成人期以降の診断も以前に比べれば気軽に受けられる（出される）ようになったと言える（これはまだ都市部に限ったことかもしれないが）。

診断を受け、手帳を取得し、サービスを活用することで、発達障害のある人の就労可能性や進路に関する選択肢は確実に広がった。選択肢の広がりは、歓迎されるべきことである。しかしながら、この広がりが混乱やかえって不幸な選択を招いていく事実も見逃せない。成人するまで障害の認識がなくやってきた人、すなわちそれまで福祉・労働サービスを活用したことがない人が、就職というテーマに直面した途端、急に障害者雇用か一般雇用かの選択を迫られるのである。この時期に、初めて「障害」という軸で自分の人生を考えることになる人もいる。状態も状況も一人ひとり異なる発達障害。一様に障害者雇用の選択がハッピーなわけがない。一人ひとり異なった生き方・在り方があり、その人に向いた・

合った進路を、個別の状況に応じて選べるように支援することが、心理臨床面接においても求められる。それは言うなれば人生相談。疾患モデルの状況理解や従来の面接技法では対処しきれないことに、カウンセラーも直面することになる。

加えて、自己の状況をモニターする力（セルフモニタリング）や自身の経験が乏しいことについてあれこれ想像を巡らす力が弱いのは、多くの発達障害のある人に共通する特徴だ。自分に向いた生き方を選択し、適職に就くには、欠かせないこれらの能力。この不得手さをカウンセラーが理解しながら、さらにはカウンセラー自身にもイメージしづらい生き方を、どのように選ぶかを支援するのは、実際至難の業と考えられる。

そのような中、障害者就労支援分野や若年不就労者支援分野に働く臨床心理士も、わずかながら存在するようになってきた。筆者もその一人であり、心理士仲間から「どのような現状なのか」という質問を受けることも増えてきた。ただしその歴史の浅さゆえ、「こういうもの」と答えきれない流動性を含む業界のことを、いまだに上手く説明しきれないでいる。さらに、障害者枠か一般枠かの選択以前に、働くための意欲や心構え、社会経験そのものの乏しさが目立つケースに出会うことも少なくない。業界の事情を知る以前に、混沌としたニーズや状況を整理する力が、面接で求められることもある。

本章では、あえてあまり上手くいかなかったケースを取り上げることで、障害者就労支援や障害者雇用の守備範囲、そして多様な選択肢の存在を忘れてはならないことを、読者にイメージしてもらえれば幸いである。

事例1　障害者雇用への転身

「多くの企業の中で、うちの会社を選んでくれたのはなぜですか?」

「はい。その……求人票に書かれていた事務補助、軽作業、メール業務の御社で求められるスキルが、前職で培った経験を活かせると考えたからです」

その彼、中村さんは額に大粒の汗をかきながらも、「その……」の後からは淀みなく、少し高めのトーンでそう答えた。これは、私が社内カウンセラーを担当している企業の採用面接でのことである。発達障害のある人が障害者雇用枠の仕事に応募してきたから、採用面接に同席してほしいという依頼で、私はそこにいた。

履歴書の情報では、私立大学の経済系の学部を五年かけて卒業後、警備会社に就職し、一年半勤めている。退職はちょうど一年前だった。中村さんの隣には、就労支援機関の野田さんがニコニコとした顔で座っていた。前職で、駐車券の仕分けやデータ入力など軽作業の経験があり、野田さんと相談してこの求人に応募したとのことだった。

「手帳を活用した就労は初めてですか?」ずっと黙ってやりとりを聞いていた私は、採用担当者から話を振られ、そう尋ねた。「はい、初めてです。前職で、それがなかったものだからずいぶんとひどい目に遭いました。最後は仕事がない状態で机に座っているという状況でしたから。言ってみれば、干されたということです」

「障害についてはどのように知ったのですか?」

「いちばん最初は……待ってください、あ、えーと大学です。教科書にあって。それで言ってみたらそうかという……」

志望動機などの用意された答えに比べると、ずいぶん伝わり難い表現で返答が返ってきた。私はそのまま聞かず、所々言い直しや質問を挟みながら、中村さんが、ノートが取れずに学生相談室に相談していたこと、対策として教科書を全部読むようにしていたこと、そこで授業では扱わなかった部分で発達障害について知り、自分に当てはまると思ってカウンセラーに該当箇所を見せたところ、「良く気付いたね」と言われたことなどを整理していった。

「でも、卒業後は一般枠で就職をしたというわけですね」

「はい。手帳の話も聞きましたが、障害者枠の求人が少なかったので、警備ならできるだろうと」

「どなたかに助言を受けたのでしょうか？」

「はい」

「就職課などの進路担当の人ですか？　それとも学生相談のカウンセラーですか？」

「うーん、どっちがどっちだかわからないのですが……人の顔とかが覚えられなくて。これも障害と書かれていましたが」

「えー、それで警備の仕事を選んだのですか」

「顔が覚えられないなんて、失礼にあたるので、人には言いません。それに、何社も落ちましたから」

このように、不便な特徴の説明時や言いわけに障害の単語が出やすいことと、過度な緊張は気になったが、応答の素直さや従順そうなその態度、確かに対人的な印象は悪くなかった。集団への適応の可能性もうかがわせた。でも、ひっかかりは残った。私は就労支援機関の野田さんに質問を向けた。

「中村さんがこの職場で上手くやるのに必要な支援や配慮、また働き続けるにあたって生じる可能性のある課題と必要な支援を、就労支援機関としてどのように考えていますか？」

「前職の離職は、当センターの登録以前ですので、詳しいことは……。ですが中村さんは、当センターで実施している職業訓練にも皆勤ですし、このように真面目な方ですし、御社のような理解のある職場でしたら、力を発揮できると思われます。何かありましたら、ご連絡いただけましたら」

「それでは、就労支援機関としては、この職場でこの仕事をすることが、基本的には向いているとお考えですね。ですが、予測しきれないこともあるでしょうし、その場合は支援機関として責任をもって支援すると、そのように理解して良いということですね」

私は、採用担当者では言えない少々厳しめの言葉を、中村さんではなく野田さんに向けた。「はい」、野田さんは力強く答えた。

手帳活用の動機は前職の上手くいかなかった（本人曰く「干された」）経験であること、診断をした医療機関や就労支援機関との出会いはインターネットの情報からであること、診断・手帳などの手続きはさほどの葛藤や躊躇なく行なわれたこと（その代わり、家族からの聴取なく診断されたことは気になったが）、また大学入学と同時に地方から上京し単身生活だが、近隣に住む親類を頼って時折食事の世話をしてもらっていることなどを確認し、私からの質問を終えた。

ここまでが、中村さんとの出会いである。障害理解や生活状況、またそれまでの選択の多くが失敗経験に基づいた「～しかない」という判断であったことなど、不安要素は多かったが、そのフォローは野田さんにお任せできるだろう、そう思うことにした。実はもう一つ、気になる事実があった。それは履歴書の備考欄の「希望月収二〇万円以上」の記載。その仕事の月収は、二〇万には及ばない額であった。採用担当者には、それで生活が成り立つか、事前に中村さん、野田さんの両者によく確認を取ってから、最終的に判断することを勧めた。

中村さんの入社が決まり、三か月が過ぎたころ、中村さんの上司からカウンセリングの依頼があった。真面目なのだが仕事のミスが減らない、表情に変化がなく落ち込んでいるのかどうかもわからない、本人もカウンセリングを受けたいというので、一度様子を見てもらえないか、というものだった。

中村さんは、開口一番こう切り出した。

「私の障害の注意欠陥から、どうしてもミスをしてしまう。何度も同じこと言わせるな、ということになるわけです」

「上司や先輩からそのように言われているのですか?」

「言われていませんが、確実にそう思われていると思います」

「そう思う根拠が何かありますか?」

「はい……ミスが多いこと……」

このままでは堂々巡りだ。ただ、本人が言うほど周囲をいら立たせているとは思えなかった。そこは障害者雇用の経験のある部署で、業務の習得までに時間がかかることくらいは、十分に理解しているはずだった。何か、過去の経験と重ね合わせているのかもしれない。

「前職では、『何度も同じこと言わせるな』と言われたことがあるのですか?」

「はい。よく言われていました。言われているうちはまだ良かったのですが、現場に来るなと言われ事務室待機、そのまま私は干されていったのです」

「出勤して仕事がないのは苦痛ですね。事務室でどう過ごしていたのですか?」

「パソコンの前に一日中座っていました。駐車券の仕事はすぐになくなってしまいましたから」

あれっ? 面接時の『前職で培った経験を活かして』は、そのすぐに終わった仕事のこと? という疑問は頭をかすめたが、それに構っている場合ではなかった。どうも、今の職場では周囲がサポーティブにかかわっているにもかかわらず、中村さんの中には前職の経験が根強く残っていて、所々重ね合わせて解釈している様子だ。そして、最後に顔をゆがめながらぽつりと言った「このままではまた同じことの繰り返しになってしまう……」からは、タイムスリップ現象（杉山、二〇一〇）に悩まされていることもうかがわれた。睡眠について確認したところ、そもそも就寝が遅く、朝は遅刻してはいけないと随分早くに家を出ていた。私からは、不注意は障害起因だけではなく、気持ちの状態や生活習慣からも改善可能なこと、今の職場は誰も中村さんを責めたりしていないので、過ちを繰り返しながらも根気強く教わっていって良いことを助言した。最後に、本日の相談内容を野田さんにも報告するよう念を押し、面談を終えた。私から野田さんに連絡を取ろうか……一瞬迷ったが、それは次回以降にしよう。

面談後、中村さんの上司に仕事の状況を尋ねた。確かに何度も同じ間違いをするので繰り返し同じことを教えざるを得ないが、日によっては上手くいく日もあり、決して毎回間違うわけではないこと。指示には素直に応じ、「はい」と返事をした直後に大あくびをするなど驚かされることもあるが、事前に特性を伝えられていたため、特別嫌な顔をしたりはしていない、そんなことを聞いた。そして野田さんは、月に一回のペースで仕事を見に来てくれているようだった。ならば、状況は理解してくれているだろう。

事例の理解

大学卒業後に一般就労したが、上手くいかなくなって障害者雇用を選んだ事例である。一般就労の場合、前職の状況は本人の話から推測するしかなく、実際どのようにつまずいたのか、またどんなことはできたのかを把握することが困難なことが多い。学生相談の状況把握に至ってはなおさらだ。中村さんのように、担当者の名前・顔を覚えていない人もいて、問い合わせも難しいことが多い。そのため、支援に必要な情報の多くは、障害者雇用に移行してから収集することになり、後手になりやすい。中村さんの場合も、一か月で終わった駐車券の仕事のような部分的な経験から、職業選択したことが判明した。中村さんの特徴として限局的な情報や経験から、重要な選択や判断をしやすいことがうかがわれた。そして、これが後に課題となっていくのであるが……。

手帳や障害のことを尋ねたときに、ネガティブな経験が一緒に出てくるのは、挫折的な経験から障害者選択をした人に多く見られる反応である。私は即障害をマイナスに捉えているとラベルを貼らずに、障害理解や自己理解の状況について、いくつかの角度から確認・検証していった。面談の中で、野田さんに話を向けたり、具体的質問により事実を詳細に確認したりしているのがそれに相当する。他に、あえて過去の上手くいかなかった経験を取り上げ、そのときの反応を見ることもある。中村さんは、上手くいかないことの多くを障害特性で説明しようとした。知識・情報が先行してしまい、実際の行動や出来事の咀嚼が十分にできない様子がうかがわれた。

カウンセラーの対応

嘱託のカウンセラーが、障害者雇用の現場で出会った事例である。幸い、採用面接から同席できたため、事前に情報があった分予測が立てやすかった。心理面接の割に受容的でないのは、カウンセラーが情報を整理しながら話を聴くことが、訴えの把握や解決には有効と考えられたためである。

また中村さんの障害理解が知識・情報先行型であったため、「事実や根拠を確認する」質問を多く挟み、実際の状況と照らし合わせながら、自己理解を促す支援を心がけた。

事例2　努力の結果の混沌

それから二か月が過ぎ、私は再び中村さんと面接していた。ボサボサ頭で、むくんだ顔。暑い時期であった。確かにとりわけ暑い夏であったが……。

クーラーがなく夜眠り難い、そのせいか日中ウトウトしてしまいその度に周囲につつかれる、夏季休暇の申請方法を間違え有休処理されてしまい（しかも有休が派生したばかり）、休暇をみすみす捨ててしまうという致命的なミス、何度も同じことを聞いてしまう、仕事が遅い、応用力がない、きっと自分は扱いづらいのだろう。中村さんは、自分が話すときには目をつむりながら、一気に話した。もちろんずっと聴き通しだったわけではなく、所々質問を挟みながらであったが、私の問いかけを意に介さないように、話を並べ立てた。

「野田さんには相談していますか?」恐る恐る、私は尋ねた。もしかすると、前回の念押しは、あまり意味がなかったのかもしれない。不安は見事に的中した。

「野田さんに言うと怒られますから……」

んん?　怒られる?　なぜ?　本人が困っているのに?　その疑問はすぐに解決した。仕事ができないと自覚した中村さんは、夜な夜な資格取得の勉強に没頭していた。いや、その前に、障害基礎年金を受給しようと社会保険労務士事務所に相談に行き、それなりの相談料を払っていた。そして、社労士の勧めで精神科を診断書が書いてもらいやすいところに変え、結果的に服薬をやめていた。さらに民間のカウンセリング機関で行なわれている有料のカウンセリングも受けていた。具体的に尋ねれば、中村さんはこれらの事実を素直に答えてくれた。「実は」と言いながらも、まるでわがことではないかのように、淡々と。

その動機は、「障害だからできない、でも努力はせねばならない」という一心であると言う。重ねて、経済的問題の存在も明らかになった。奨学金の返済、在学中に親戚から受けた資金援助の一部返済、そして前職で面倒見の良かった先輩からもお金を借りていた。就職前、野田さんには、これらの事実をひた隠しにしていたらしい。就職後に、支援経過の中で野田さんは少しずつこれらの事実を知っていったのだろう。「なぜもっと早くに言ってくれなかったのか」といった小言や、突っ走った事実を知ったときの表情、「まず先に自分に相談するように」という助言。これらの反応を中村さんが「叱られている」と解釈している様子は、想像に難くなかった。

事実、野田さんは「本当にがっかりした」と本人に伝えていたことも後にわかった。支援対象者との信頼関係に重きを置く福祉関係者は多い。信頼関係、という軸でこの出来事を解釈してしまうと、確かに野田さんは大きく落胆したことであろう。

そして履歴書の「希望月収二〇万円」の意味もようやく理解できた。野田さんは、二〇万円には届かないが生活はできる範囲の現在の月収で十分と判断し、それに中村さんも反論しなかったのだろう。返済しなければならないお金の存在は、中村さんが障害基礎年金の受給に向けて動いたことで、発覚した。

経済的に苦しいにもかかわらず、中村さんが無料の支援を提供する就労支援機関を頼らずに、有料のサービス利用に走ったのは、「お金を払う方がサービスの質が良いに決まっている」という考えに基づいていた。「手帳を活用して生きる」ということの意味を十分に理解せずに、働くための手段として手帳を取得したことをうかがわされた。

私は、中村さんに確認した。

「中村さんは、本当にいろいろな努力をしているわけだけど、それは、この会社で上手くやっていきたい、働き続けたいからですか？　それとも、別の理由もありますか？　たとえば、転職を考えているとか」

何らかの指摘や方向付けを伝える前には、前提の確認が欠かせない。

「それはありません。まぁ解雇されれば話は別ですけど。雇ってもらえる限りは、ここで上手くやりたいです」

「なるほど。上手くやろうと、ご自身なりに努力した結果が、これらなのですね」

私は、彼から聞き出した内容を、机に置いた白い紙に書き出していた。資格勉強、障害年金、医者の変更、カウンセリング。これらの単語をまとめて円でくくった。

「はい。そうです」

「あとは、返さなければならないお金がある」そう言いながら私は先ほどくくった円の脇に『努力』と書き、二股の線を引っ張り『仕事を上手くやる』と『お金が必要』その横に『奨学金、借金、生活費』と書き加えた。

「この構図で間違いないですか？」

「はい。書いてある通りです」

私は、しばらく間をおき、その間にセリフを考えてから、こう伝えた。

「残念ながら、中村さんの努力の仕方は、この状況の解決に効果的ではありません。むしろ、マイナスにさえなる」

「えっ……どうしてですか？」

彼の質問を受け、私は『資格勉強』から線を引き『睡眠不足でミス↑』、『障害年金』から線を引き『受給できない可能性もある』、『医者の変更』から線を引き『服薬中断で不安定』、『カウンセリング』から線を引き『お金がかかる』と書き足した。

「ガーン」彼は漫画の背景のように、声に出してそう言った。私は続けた。

「この状況の解決には（と言いながら私は、『仕事を上手くやる』と『お金が必要』の部分を指し）、野田さんの協力が不可欠です。中村さんは今、いろんな理由で野田さんに部分的にしかご事情をお話されていないようですが、できれば全ての事情を知ってもらった上で、一緒に解決を図っていきたいのですが。こちらから、野田さんに連絡してもよいでしょうか」

「え、それはちょっと……」彼は明らかに躊躇した。続けて「全部ですか、えーっと、奨学金と社労士の話はしたのですが、資格勉強は……取得を勧めてくれた人に迷惑をかけるかもしれないし。あ、カウンセリングは料金が高いので自分で辞めます。あと借金のことは、プライベートのことなので……」

「もちろん、話してほしくないことは伝えません。それでは野田さんに、『指摘や指導はせずに、とにかくじっくり中村さんの仕事と生活の状況について話を聞いてください』という依頼をさせていただいても、よいでしょうか」

「はい。それならばいいです。よろしくお願いします」

挽回できるだろうか。野田さんと中村さんの関係も、そして彼の状況も。不安は残ったが、野田さんには連絡を入れた。中村さんが、就労継続にかかわる生活上の問題をいくつか抱えているようであること、職場のパフォーマンスも、生活課題の改善により向上が可能かもしれない、とにかく指摘などはせずに、現在の生活状況を整理してもらいたいことを、私なりに伝えた。電話の向こうで、野田さんはしきりに「自分に相談してくれればよいのに……」と繰り返していた。

この事例のその後の展開は、実はあまり書きたくない。野田さんの提案で、職場の上司、中村さん、野田さんの三者で話し合いがもたれた。野田さんの意図は、中村さんの経済的な事情について、職場に可能な限り考慮してもらえないか、という打診であった。上司としても、「事情はよくわかるし何とかしてあげたいが、給料アップにはミスを減らすことが前提。もし今の業務が合わないのであれば、より合った業務を探ることもしたい」という返答で精一杯だった。至極もっともなことであろう。

中村さんの状況を心配した上司は、私の定期訪問の度にカウンセリングの機会を設定してくれた。しかし状況はあまり改善されず、年金は不支給決定となり、中村さんはさらなる相談料を社労士に払って再審査請求に動こうとしていた。前職でお金を貸してくれた面倒見のよい先輩から、アドバイスを受けているようだった。経済的な切迫感から来る焦燥感と衝動的な行動は、もはや誰にも止められなかった。仕事は中村さんがミスし難いものをかき集めてあてがわれるようになったが、そうするとどうしても手の空く時間ができてしまった。手が空く時間は、マニュアル作成など指示はされていたものの、前職の「干された」経験とさらに重ね合わせた中村さんは、ついに自分の苦痛と不安を延々と書いたメールを、一斉送信で職場のあらゆる人に送った。

以下は、野田さんからの情報である。野田さんが元の主治医のところに通院同行し、服薬を再開したが、もう医療に対処できることでもなかった。実家とも連絡を取った。家族は、資金援助は難しいが帰っておいでと言い、中村さんはそれを頑なに拒否した。「地方は求人が少ない」というのが理由だったが、それだけであろうか。そのうち、中村さんは出勤できなくなり、長期休職となった。

事例の理解

挫折的な経験をもとに障害者として生きることを選択してしまった結果、上手く配慮や支援を活用できない事例である。

とは言え変化や成長の可能性がある若いうちに将来について完璧に想定するのは難しく、障害者雇用の選択について、まずは社会に出てみて、その結果を見ながら判断するのは合理的なことだ。

また情報の取捨選択が不得手な人（発達障害の多くの方に見られる特徴であるが）にとっては、複数のアドバイスはかえって混乱につながりやすい。それは、中村さんの行動がどんどんまとまらなくなった経過に示されている。混乱した後の支援は、情報を絞り、関係者の足並みを揃えることから始めなければならず、時間がかかる。そもそも就労にかかわる機関は複雑で多岐に渡る。学生相談においては、卒業後の安心のためにとさまざまな情報提供をしすぎないよう、留意できると良いだろう。

家族の考えや状況は、就労継続に重要な要因となることが多いのだが、この事例はそれが不明な状態で展開している。こと経済的問題となると、その解決は家族の協力や考え方次第だ。野田さんは、問題がこじれた後に初めて家族に連絡を取るのだが、もっと早く、できれば支援機関登録と同時に、家族の意向を確認できていれば、また違った展開になっていたかもしれない。

また、診断も家族不在で行なわれている。支援は本人主体で進めるのは基本だとは思うが、離れた親があるとき急に息子が障害者として生きていることを知ったときの驚きは、いかばかりか。かえって関係がこじれることもあり、中村さんの事例も、（障害者手続きを）勝手に進めてしまった後ろめたさからも実家に戻れない、という頑なさを促進した節もある。

それでは、中村さんがこの企業で、上手く働ける可能性はなかったのだろうか。調べたところ、就労支援機関の登録から採用面接までの期間は、非常に短かった。面接で野田さんが話した職業訓練も、皆勤とは言え一か月足らずの期間であった。もう少し時間をかけてアセスメントしていたら、中村さんが困っていることに気付けたかもしれない。

職歴がある人に職業訓練の時間を無駄にもつわけにもいかず、どの程度、訓練・アセスメント期間をもつかの塩梅が難しいケースではあった。もし学生相談から就職までの情報があれば、いくつかのトラブルは未然に防げたかもしれない。

カウンセラーの対応

面接では、中村さんの訴えの内容整理と方向付けに終始した。その後は、支援の主体である野田さんとの情報共有を進めている。

関係者との顔つなぎが早期にできていたにもかかわらず、初回面談の後に野田さんに連絡を取らなかったのは、振り返ると悔やまれる判断ミスであった。時機が早ければ、対処も可能だったかもしれない。発達障害のある人が、複数の相談機関を使い分けるのが不得手なだけでなく、関係者側も、関係者が多いとお見合いをしてしまうことがある。結果、問題の発見や対処が遅れ、手遅れになりがちであることは、理解していたはずなのに……。あまりうるさい人に思われたくない、心配が杞憂に終わったら、何よりも初回面談から情報共有を提案するのはいかがなものか、それらの考えがブレーキをかけた。守秘義務やラポールに囚われ過ぎず、ケースワークとのバランスが、結果クライエントの利益につながる。このことを、常に念頭に置きながら仕事をしていく必要性を痛感する。

支援のポイント

発達障害への認識が高まり、「気軽に」診断が出されるようになったが、診断がその後の人生に有益に働くケースばかりではない。成人期以降の診断は、なおさらだ。学生相談において診断や手帳取得に向けて動く場合も、家族など身近な周囲の理解と納得を十分に確認し、手帳を取得して福祉サービスを活用することで生活の質が向上するという見込みを、十分に押さえておきたい。何よりも、「障害のある人として暮らす」ことが、どこまでその人に調和するのかをよく考えて調べてから、判断したいものである。

またせっかく手帳を取得しても、その後どんなに熱心で好意的な支援者に出会っても、どんなに理解ある職場に出会っても、就労支援機関が行なう支援に乗れない、あるいは障害者雇用の枠に上手くはまれないケースに巡り合うことも少なくない。典型は、事例のように、挫折的な経験の下に、失敗回避の手段として安易に障害者雇用を選んでしまった人である。この場合往々にして、自己や障害に関しても否定的なとらわれから逃れられない。人生における大事な選択なのであるから、「〜しかないからやむを得ず」ではなく、「より自分に向いているから」といって選べるように、支援したいものである。これは、学生相談においても一部可能な支援であり、中村さんのように知識として事前に発達障害を話し合っているケースであれば、「相談室を上手く利用できた経過から、就労支援の活用も向いているかもしれない」などと伝えておくことで、肯定的に選択できるような前提作りを手伝える。また、肯定的自己理解の支援も、大きく寄与すると考えられる。

事例では重ね合わせたが、経済的問題を抱えるケースもまた、障害者雇用で上手く行き難い。障害者雇用でなくても、働きに見合った給与が支払われるのが資本主義の原則だ。発達障害のある人は、職場に慣れるまで時間がかかりやすく、スキルアップはできるが大抵ゆっくりだ。障害者雇用においては低めの給与設定からスタートすることが多いが、人事考課をしっかりと行なう職場ほど、そう簡単には上がらない。その間に経済的に切迫し、焦燥感から副業に手を出し、かえって本業がスキルアップしない上に、本人の時間的切迫と、不安・焦燥感だけが高まる一方、というケースにしばしば巡り合う。

学歴や知的レベルが高く、就労支援機関の支援員以上の収入を求める人もまた、障害者就労支援にはマッチし難い。この事実について、障害者求人の全体的な給与水準の低さのみが問題視される節もあるが、問題はそれだけではない。自分よりも高収入を望む人の「就労」を支援するのが難しいのは、想像に難くないだろう。支援者が発達障害を学び理解するだけでは解決しきれない、財源や仕組みの問題も存在する。

他に、発達障害の特性はあっても薄く、大きな社会不適応がなく、環境選択次第では健常者としての生き方が可能な人も、就労支援には乗り難い。理由は簡単だ。不安定就労ならば可能で、生きるための選択肢が多いからである。障害者雇用で就職するのも、決して楽でもないし容易でもない。最適な職場にコーディネートするには、就労支援機関が本人のことを良く知るための期間が重要だ。作業所などでの一定期間の訓練や企業での職場体験実習がそれに相当する。その間がもどかしく待ちきれないからと言って、単発アルバイトや派遣の仕事に流れることができる層は、これに当たる。女性であれば、善きパートナーに巡り合って就労せずに生きられる可能性だってある。選択肢はいくつかあるが、しかし残念なことにそのどれもが安定的とは言い難い。社会や経済の仕組みもまた、悩ましき事実を作る要因と言える。

では、障害者就労支援に乗れるケースは非常に限られているのかと言われれば、そうでもない。高等教育を経ても、どこかに少し苦労する時間があり、その際に他者からの心地よい手助けが得られ、それで自分自身が「上手くやれる」経験をした人は、その後も他者のかかわりを肯定的に受けられるものである（経験的理解ではあるが）。学生相談においては、クライエントが生き難さを認識しながらも、そのメカニズムを知り、自己を肯定的に理解できるような支援ができれば、十分な素地作りになると考えられる。

障害者就労支援機関は、障害のある人と企業の双方を支援する。求職者（障害のある人）については、一定期間の訓練や職場体験実習により、向いた働き方や就労継続上の課題を調べ（アセスメント）、最適な職場を見つける（ジョブマッチング）。企業については、事業所の状況をよく知り（職場のアセスメント）、向いた業務や雇用管理について、職場の人と一緒に考える役割を取る。本人と職場の最適な組み合わせを確認した後は、雇用・就労が良い形で続くように、継続的な支援を行なう（フォローアップ）。比較的手厚く、時間がかかる支援であると言えるが、それまで普通コースを歩んできた人が、この枠組みをすんなり理解し利用するのは、それほど簡単ではない。社会に出た後に途中で切り替える場合は、なおさら時間がかかる。学生時代にその仕組みについてガイダンスを受ける機会などを作ることができれば、少しはスムーズな利用につながるかもしれない。

日々、いろいろな人に巡り合うが、一向にして「何が正しいか」の答えは見えそうもない。おそらく、ないのであろう。しかし、これだけ発達障害の認識が広まってきた昨今、多くの心理カウンセラーが、人生における重要な選択を支える環境要素の一員になっているのは、避けようのない事実と言える。だからこそ、少しでもよりよい選択を支えられる支援をしたいと思ってやまない。

文献

杉山登志郎　二〇一〇　タイムスリップ現象再考　精神科治療学、二五巻一二号　八三頁

終章　事例にみる発達障害の学生相談

岩田　淳子・高石　恭子

本書に登場した九章一五名の学生はそれぞれ「一人の大学（院）生」として、学生生活サイクルの各時期に特徴的な課題に直面し、学生相談機関を訪れている。学生期ならではの悩みや課題は、発達障害の有無によらず、こころの病理や症状あるいは問題行動の発現などの危機をもたらすことがあるが、同時にそれらが発達成長の契機になることは言うまでもない。

一方、「発達障害特性」ということに注目すると、一五名の学生で描くなど到底不可能であるほど現実にはその現れ方は多様であり、私たちカウンセラーが描く「発達障害」の理解や支援のかたちも、それぞれに異なることを思い知らされる。改訂される国際精神医学診断基準では「自閉症スペクトラム」の名称採用が確定的であるが、二分法的理解には馴染まないこの概念を前に、カウンセラーは個別的な理解の下、その学生、その時機、その環境に応じた支援のプライオリティを悩みつつ選択している。

終章では、①見立て・診断・障害説明、②大学での修学・就労支援、③カウンセリング・心理療法の特徴と課題、④学内外のネットワーキングとナチュラルサポートという四つの視座から、九章一五の事例の解題を試みたい。

見立て・診断・障害説明

発達障害（とその傾向をもつ）学生の多くが、義務教育までの学校との相性は得てして悪い。不適応行動、いじめ、不登校などは、時として外界の捉え方や学び方の違いをもった子どもが、その時々の手持ちの力でやり過ごそうとした結果である。そうして自分で獲得したやり方で大学に辿り着いた人たちがいる。まずは、目の前の学生が、どのような歴史をもって高等教育に臨み、今どのような学生生活の課題に直面しているのか、学生相談カウンセラーとしての見立てを丁寧に行なうことが大切だろう。

発達障害学生支援という文脈では、中等教育までの特別支援教育におけるのと同様、「包括的なアセスメント」に基づいた支援計画の作成が必要と言われる（須田他、二〇一一）。たとえば、発達障害が疑われる学生に対して、ＡＱ（自閉症スペクトラム指数）やＷＡＩＳ-Ⅲ（知能検査）などの検査バッテリーを実施し、客観的に把握された特性に沿った支援の方向性を考えるということである。しかしながら、本書に登場するカウンセラーはそのような意味でのアセスメントは行なっていない（カウンセラーのより主観的な判断という意味で、本書では「見立て」という言葉を用いている）。カウンセラーの中にもさまざまな立場はあると思うが、ここでは「初めにアセスメントと診断ありき」ではなく、個々の学生との関係性を基盤に、適時に、なしうる支援を模索していこうとする姿勢が共通して見いだされる。

また、たとえ「既診断」の発達障害学生であっても、診断の時期と内容とそれに続く支援の受け方、大学入学までの適応如何により、学生期に訪れる危機と支援の様相は異なってくる。第4章事例1（井上君）は既に小学校五年のときに、親から発達障害かもしれないという話をされているが、幼児期の医師から親への診断告知は親に動揺を与え、その後の学校適応に役立てることはできなかった。第6章事例1（松田君）は小学校入学前に広汎性発達障害と診断され、母親の献身的なサポートで高校までの学校生活を過ごしてきた。医師の、本人と親への診断告知と障害説明への取り組みはまだ始まったばかりであり、「子どもの前向きな自覚は、具体的な工夫や手助けで子どもの生活が安定することでしか手に入らない（吉田、二〇一二）」。「障害」という言葉に籠る悲壮感と、「個性」に見いだす希望。うまくできないこと、何かトラブルになるときなどには「障害」ゆえに仕方がないと納得させ、ユニークな言動が笑いやたくましさを感じるときには「個性」と胸を張る。それは、親と子、成長した青年、そして支援者にもみられる姿ではないか。田中（二〇一〇）の調査では、わが子の発達障害について養育者の八三パーセントが三歳未満で気付いたと回答している。母親がわが子の発達に何がしかの不安・心配を胸に秘めつつ、その成長を見守っていること、知的に高機能の子どもの場合であればなおさら、発達と状態像の変化に期待をもち、大学へと進学していることが想像できる。

毛利氏は、カウンセリングの中で語られる「自らの考えや思いが自己理解の雛型もしくは材料のようなもの」であり、この語りを「認められ、受け止められていくことが、自己受容につながる」と述べる。障害特性をその一部とした自己理解は、すべての章に共通したテーマともいえる。発達障害のある学生がどのようなプロセス（学生期を含むライフサイクル）で自己理解や自己受容をするのかは、それが定型発達の学生と異なると仮定すれば、なおさら容易なものではないだろう。「障害受容」など当事者でもない者が論ずる愚かな行為を戒めつつ、せめて適正な態度と方法で「自己理解」に伴走することは、カウンセラーの役目のひとつである。

未診断で大学進学後に事例化したとしても、カウンセラーが在学中に診断を勧める必要がないと判断する事例もまた相当数ある。本書においても、既診断の学生二名以外に、在学中に診断に至った学生は二名（第7章事例1、第8章事例2）に過ぎない。学生相談カウンセラーは、学生の利益（より良い支援）

に結びつかないなら、医学的診断につなぐことを優先的に考えない傾向を示しているように思われる。

在学中に医学的な診断に至る事例は、①自ら障害特性に気付き診断を求める、②二次障害の治療のために医療機関に受診し診断される、③一般の競争的就職活動に馴染まないなどの理由から障害者手帳の取得による就職活動の支援が視野に入る場合である。第7章事例1（松宮君）で岩田が描いた受診を勧める方向性は、就職活動の困難を見越した上での決断と言える。そういった機会を得るに至らなかった場合、結果として就労後や結婚・出産後に診断に結びつく可能性はあり、先延ばしとの批判は甘受するしかない。

診断はわが国では医師のみが行なうが、診断が下ったとして、学生に「どう受けとめたか」を問うとき、その言語化に難しさがあることもまたカウンセラーは経験しているだろう。だからこそ、大学生となりせっかく「自分」を語りに来た彼らと出会ったカウンセラーもまた、その支援の過程で心理教育としての「障害説明」の役割と責任を負うことを自覚したい。

ところで、発達障害の特性を有していても、適応障害がなければ診断は除外される。本書に登場する彼、彼女らは「変わった学生」として受動的に、あるいは「困った学生」として種々の「問題行動」を起こしながらも、学生生活をどうにか過ごしている。各事例章には、杉山（二〇一一）が命名した発達凸凹（健常と障害の中間に位置する生物学的な発達障害の素因をもつ人の層）の学生を、やすやすと「障害」と捉えてしまうことへの躊躇が表れているように読める。躊躇を要するからこそ「障害」にしない環境を整えることにもカウンセラーは知恵を使っているのだ。と同時に、カウンセラーにこそ「障害観」の点検が必要であると主張したい。「援助の必要性」や「定型発達との相違」は、優劣や善悪の問題ではなく、断じてその人としての「尊厳」が損なわれるものではない。

さて、総じて、学生相談では、診断よりも自己理解／特性理解が優先されているが、実はそれも容易に運ぶわけではない。

本人の自己理解／特性理解を促すのはカウンセラーの見立てに基づいたかかわりであり、その途上でなされるアセスメントの重要性は諸家により指摘されている（神田橋、二〇一〇／西村、二〇一〇／千田、二〇一一など）。身体感覚の過敏性の有無や程度、認知特性や思考のパターン（視覚思考、音楽・数学思考、言語の論理思考［Grandin, 2010］）、学習スタイルが視覚優位か聴覚優位かは理解できても、情報処理の特徴や実行機能の問題は、知能検査のみならず、面接場面以外で起きていることを相当に把握しなければ理解できないことは多い。さらに、各事例のエピソードに描かれるさまざまな「問題行動」の背景は、過去の経験からその人なりに学習した結果や、トラウマによるタイムスリップ現象であるかもしれない。予測可能なこと／もの、ルーティンへの希求、不明確／理解できない事柄への怒りかもしれない。独特な身体感覚ゆえの不規則な生活リズム、過度の緊張という場合もある。カウンセラーはイマジネーションと感知力と「生物学的側面に基づく障害」理解を結集し、過度に情緒的な、心の問題を詮索することによる「深読み（ニキ、二〇〇六）」をし過ぎず、しかし「思い」も大切に、学生のニーズと言動の意味を理解することが求められる。

大学における修学・就職支援

第1章でも述べたように、今日では大学入試センター、日本学生支援機構、それぞれの大学などにおいて、診断の有無にかかわらず、さまざまな支援の方法が具体的に示され、実施されている。しかし、入学試験で行なわれる特別措置や修学支援メニューを日々の授業の中に組み込むことが、それほど単純ではないことを事例の物語は示している。

第2章（横田君）で、大倉氏は「障害特性」への配慮による問題解決という支援のかたちを超え、学生と周囲（教員あるいは受講学生）の「思い」を大切にしながら「矛盾を抱え、粘り強く両者の折り合いをつけていく」ことが修学支援の核であると主張する。第6章事例2（由紀さん）では、学部・学科と学生の特性とのミスマッチの例が描かれているが、資格取得が卒業に必須であれば進路変更をも考えざるを得ない事態もあるだろう。

大学教員の授業スタイルを変えることには限界があり「特別扱い」になることの危惧や現実問題としての負担の声があることは否定できない。生じている困難（問題）の原因と背景についての個々の丁寧なアセスメントが「合理的配慮」を見いだしていくことに異論はないだろうが、如何ともし難い局面に直面するのも現実である。学生が支援を受け入れるか否か、独特な身体感覚や知覚過敏と教育環境との相性、発達障害者と定型発達者の異なる文化の相容れなさなど、見極めと摺合せの作業をどこまでやれるかが専門家の手腕の見せ所であり、特別なニーズのある学生の利益を守り特別なサービスとサポートをすることと、他の学生の利益を守り通常のサービスとサポートをすることを合一とする教育の在り方の模索がなお望まれる。

大学における就職支援は原則として大学在籍中に限られるため、就労準備は全ての章に登場する学生が直面するテーマである。就職未決定での卒業、アルバイトなど不安定な雇用形態での就労、公務員試験受験や大学院、専門学校などへの進学を選択する学生は多い。本書では障害者就労支援が臨床現場である千田氏によって第10章に大学卒業後の姿が描かれている。就労支援現場の多様さと卒業後に山積する課題を明示した事例にはインパクトがある。「学生相談においては、学生が生き難さを認識しながらも、そのメカニズムを知り、自己を肯定的に理解できるような支援ができれば、十分な素地作りになると考えられる」との提言に、改めて大学での適応と、カウンセラーの学生への肯定的理解が就労準備教育につながることを認識し直し励まされる（もちろん、就職ありきの学生生活ではないが）。

在学中に十分な自己理解と障害特性への対処を学び、かつ適職を選択し一般扱いで就職していく発達障害（とその傾向をもつ）学生は多数派とはいえない。現実には、一般扱いで就職しても障害特性が原因となり離職する事例、未就職のまま、あるいは概して否定的で不幸な就労体験の積み重ねの結果、「障害者」として職業リハビリテーションの支援の利用を経て就労する（それでもなお働き続けられる保証はない）将来像がある。十分な準備期間を確保することの難しさと、大学在学中にそれらをどこまで（大学で）引き受けるのかも、就職支援が苦戦している要因のひとつである。

カウンセリング・心理療法の特徴と課題

前・チャペルヒルTEACCHセンター臨床ディレクター、リー・M・マーカス（二〇〇五）は、伝統的なカウンセリングと自閉症やその関連の発達障害者へのカウンセリングの相違点として、①単刀直入に障害を取り上げて話し合う、②カウンセラーは自己開示することが多い、③高度の指示的アプローチである、④視覚的なツールを用いる方法である、⑤来談者との生活場面をともにする第三者（たとえば親）との連携をはかることが多い、という五つをあげている。本書で描かれた事例でも、それらの特徴は随所に見受けられるだろう。発達障害という視点が導入される前の学生相談事例と比べれば、その変化は歴然としている。前節でも述べたとおり、未診断やグレーゾーンの学生の場合は、「障害」の可能性をカウンセラーから相談場面で明言することは少ないとしても、「得意と苦手」「強みと弱点」「できることとできないことのアンバランス」といった表現で、学生の自己理解（障害特性理解）を促すはたらきかけをすることは、しばしば行なわれているはずである。

にもかかわらず、本書のカウンセラーたちは、そのような「発達障害学生への定型化された支援」に疑問を投げかけ、それぞれのやり方で学生の内面に寄り添っていこうとしている。たとえば第2章の大倉氏は、「障害特性」に配慮すれば（修学上の）問題が解決されるというのは「幻想」だろうと述べる。まずは「こだわり」や「迷惑行為」と多数派の視点から突き放して捉えることから有効な支援は生まれない。「信頼されること」が第一であり、そのためには全力を賭けて、当の学生の「思いや感じ方」を理解しようとする努力が求められるという。同様のカウンセラーの姿勢は、第4章事例2（広田さん）において、客観的にはストーカー行為と見なされる問題行動の背後にある異性への思慕に毛利氏が寄り添い感じた「切なさ」や、第6章事例2（由紀さん）において、髙橋氏が「感じるってどういうことかわからない」と涙する学生の体感を、視覚的表現や言葉に置き換える作業を根気強く手伝っていったプロセスにも見ることができる。

発達障害やその傾向をもつ人々と、どのように支援の前提となる信頼関係を築いていけばよいかについては、本書の事例から共通して学べることがあるように思える。まずは、学生相談室や支援スペースの「場」に安心を抱いてもらうということである。第5章事例1（一実さん）で渡部氏は予約外の面接（駆け込み相談）を許容しながら徐々に継続面接形式に馴染んでもらったり、第3章事例1（沢野君）では佐々木氏が複数カウンセラーによる担当という「原則破り」を認めつつ安定した面接を保証するという対応を行なっている。誰と、いつ、どのように会うかという以前に、大学という守られた場の中に、さらに自分が訪れてよい一定の場があり、そこでは侵入や攻撃を受けずに自分らしく居られるということが肝要なのである。「場」に安心することができ、ほんの少しゆとりを取り戻すことができてはじめて、「誰か」が心に寄り添おうとするはたらきかけを受け入れる準備ができる。その上で、相談は何のために何をするのか明確にすれば、学生はより安心である。

次に、カウンセラーという「人」との関係性が築かれていくのだが、ここに第1章で高石が述べた、「発達障害とどのように向き合うか」という苦労と醍醐味が生じてくる。これにもまた、さまざまな立場があるだろうが、本書では、「少数派として異文化に生きる発達障害の人の視点」から事態を眺め、理解しようとするカウンセラーの試みが強く描かれていると言える。たとえば、第9章事例1・2（渡辺君）では、石金氏は箱庭や夢といったイメージ表現を通して、断片的に見えていたクライエントの内面世界に「つながり」を見いだそうとする。こちらの理解の枠組みに学生を引き寄せるのではなく、言語以前のコミュニケーション（黙々とクライエントが箱庭作品を作る間、カウンセラーは全身で波長合わせをしながらそこに「居る」のである）を通して、学生の内面にこちらから寄り添おうとする。それは、よくある「共感的理解」といった情緒の共有とは質の違う、もっと原初的な情動（affect）の共有体験であり、それも一つの関係性の成立と見ることができるのではないか。

第3章事例1（沢野君）、事例2（高戸君）における佐々木氏のかかわり方にも、同様の意図が読み取れる。佐々木氏は、アルバイトやサークルという比較的失敗と試行錯誤が許されやすい学生生活の局面において、カウンセラーがトラブルの解決や心理教育的はたらきかけをあえて「しない」アプローチの意義を問いかけている。たとえ発達障害としての問題を抱えていると見立てた学生であっても、本人の自然な変化（＝成長）の「流れを止めないことが重要」と考え、学生がその時々で選び取っていく対処の方法を、「その内容を受け止めることができる限りにおいて」認め、支えていこうとする。ただこの

「しない」アプローチへの異論は必至であり、さらに補足しておくことが必要だろう。対立解消・解決が不得手な彼、彼女らに、何が、なぜ、どのように、起きたのか、相手がどう思い考えた可能性があるのかを説明するアプローチは必要である。しかし、時機、関係性、環境など、複数の要因により、説明が奏功しない事例を私たちは多く経験しているのも事実である。「障害学生」ではなく、一人の学生の成長を見つめ守るカウンセラーが、佐々木氏の「しない」アプローチを選択することもある。その意味では、たとえば、対極にあるようにも映る第7章事例1（松宮君）で、就職活動での失敗と傷つきを未然に緩和するために障害特性の説明を行なったカウンセラー（岩田）の姿勢は、その内実では、紙一重の差とも考えられる。どこまで、その人の変化（＝成長）を見守り、どこから教育的に介入するか、二律背反のせめぎ合いの中で、カウンセラーは一回きりの判断をその都度迫られるのである。

さて、このような信頼関係の成立の先に、本書のカウンセラーが期待するのは、学生の「主体性」の育ちである。生物学的次元における問題ゆえに、人との関係性の中で育むことが難しかった「自分」という確かな実感を得て社会に巣立ってほしいという思いは、心理臨床家の当然の願いでもあるだろう。しかしながら、この問題が一筋縄ではいかないのは、その主体性が、しばしば他者との衝突や、社会に受け入れられ難い行動化という形で現れてくるという事例の物語からもうかがわれる。「若者が飛躍的に成長を遂げるためには、時にギリギリの危険性とも隣り合わなければならない」（第6章事例2）し、「行動化を完全に回避すべきものと捉える必要があるのか」（第9章事例2）という考え方がある一方、学生相談カウンセラーには大学環境や周囲の人々の安全を守る義務もある。ここに至っては、事例全体を外側から俯瞰する視点と、個々の学生の内面に深く寄り添う視点とを瞬時に移動する複眼的な理解の力が何よりもまして求められる。

学内外のネットワーキングとナチュラルサポート

発達障害者支援法の成立の背景には、（発達障害への）認識がなかなか一般化されないために、その発見と対応が遅れがちであったという事情がある。支援の準備もないままスクリーニング検査などにより「問題の学生を発見」するなど論外とはいえ、障害特性のために、修学上、学生生活上に困難をもちながらも自分から支援を申し出ることをしない、あるいは必要であることがわかっていない学生にまず気付き、支援につなぐ役割を果たし得るのは、学生たちに接する全ての教職員である。得てして学内ネットワークは問題が深刻化した際に機能する必要性としての文脈で語られるが、実はその発見において重要な役割を果たすことも少なくないのである（第2、5、9章）。

第2章（横田君）では、フリースペースや教職員の日常的ネットワークという「学生支援の風土」を準備しておくことが有効な支援につながることが描かれている。また、カウンセラーが当該学生（マイノリティ）と教職員（マジョリティ）間をつなぐ役を根気強く担うことが肝要であり、そのための、相談室外活動の重要性も示してくれている。第5章では、カウンセラーのコンサルテーションが教員の安心感と理解を生み、学生の研究室・ゼミ適応を支えた。第6章の事例1（松田君）では、髙橋氏が、学生を学外に送り出すときに必要な学内外の連携と支援の在り方を、学生、教職員、親、カウンセラーが、情報開示の範囲や支援の内容を学生に確認し具体的な対策を話し合うエピソードから描いている。ここには、専門家が主導して支援を提供するのではなく、当事者が主体的に問題解決に必要な支援を自己決定する力をもてるように援助していくという今日の連携のかたちがある。

卒業期の進学に向けての不安（パニック）が、ハラスメントという訴えになった第8章事例1（加藤君）には、中川氏の学生理解と対応が見事に記述されている。瞬時に学生理解をしつつ、相談者の訴えをありのままに受け入れ聴く。明確な助言をし、学生の疑問に対して率直に答える。情報の開示が必要であることを想定して了解を得ておく。部局の教員からの問い合わせに対しても、学生に不利になりかねない情報には一切触れずに、学生本人のためになる方向性を探っていこうとの提案をする。これらのプロセスの実践はたやすいことではない。客観的な状況を把握し、学生理解とともに学生がどう感じているのかという内的な体験世界を相手に伝えることこそが、「通訳」といわれる役割である。

そして、事例のそこここに登場する一般の学生やアルバイト先の人々。言わずもがな、発達障害（との傾向をもつ）学生も多くの一般学生・同年代の若い人たちの中で学生生活を過ごしている。共通の趣味の友人ができ（第2、3章）、部活で活躍し（第4章）、研究室やゼミでの友人の中で（第5章）、あるいは学外で（第6章）、同年代の学生と「かかわる」姿にカウンセラーは安心する。

第5章で渡部氏が「周囲のかかわりの質の重要性」と「天才」の傍にいた人々のことを述べているとおり、周囲の人々、つまり環境との相互関係にも目を向けたい。授業や研究室、サークルやアルバイトで生じる困難は、発達障害特性が要因であるばかりではなく、刺激が多すぎるなどの物理的環境、教員や周囲の学生の態度、各集団の雰囲気が関連していると考えられる。研究室で教員が緩衝剤となることがあるように、サークルやアルバイトで同年代の学生たちのさり気ないフォローや若い人流のユーモアでぎくしゃくしがちな人間関係をうまくかわしたり、和ませてくれるストーリーも展開するだろう。

WHO（世界保健機構）によるICF（国際生活機能分類）モデル（厚生労働省、二〇〇二）では、「障害」を「心身機能」「活動」「参加」の三つの側面から捉え、それらの相互的関係とその背景にある環境因子との関係を強調している。障害者の職業リハビリテーション分野において「特に職場における上司や同僚からの、障害のある従業員へのサポート」を示す意味で用いられる「ナチュラルサポート」という概念を、高山（二〇〇九）、滝吉・田中（二〇一一）らは学校や日常生活の環境にも当てはまるとし、「専門家や家族ではない、障害者と日常をともに過ごす人々が、障害者に対し自然な形で配慮・支援しようとする意識をもつことこそが、障害者にとって有力な支援環境になる」と述べている。

大学という環境に置き換えれば、カウンセラーは学内外の支援のネットワークを積極的に構築する役割を果たすこともできるが、学内外で日常をともに過ごす全ての学生、教職員、関係者が、発達障害（とその傾向をもつ）学生に対して自然な形で配慮したりサポートする環境もまた存在する、あるいはそれを作っていくという発想も必要だろう。私たちはみな、そうした「お互い様」の関係の中で生きているのだから。

文献

千田若菜　二〇一一　青年・成人期支援としての就労支援　横田圭司・千田若菜・岡田智　発達障害における精神科的な問題　日本文化科学社　一八九―二〇二頁

Grandin, T.　2008　The Way I set It-A Personal Lookat Autism & Asperger's.（中尾ゆかり訳　二〇一〇　自閉症感覚　NHK出版）

神田橋條治　二〇一〇　発達障害は治りますか？　花風社

厚生労働省　二〇〇二　国際生活機能分類――国際障害分類改訂版　日本語版

リー・M・マーカス　二〇〇五　TEACCHにおける自閉症の人へのカウンセリングと家族支援　日本自閉症協会編　自閉症ガイドブック　別冊海外の自閉症支援　四〇―五五頁

ニキ・リンコ・仲本博子　二〇〇六　自閉っ子、深読みしなけりゃうまくいく　花風社

西村優紀美　二〇一〇　ナラティブ・アセスメント　斎藤清二・西村優紀美・吉永崇史　発達障害大学生支援への挑戦　金剛出版

須田奈都実・高橋知音・植村恵津子・森光晃子　二〇一一　大学における発達障害学生支援の現状と課題　心理臨床学研究、二九巻五号　六五一―六六〇頁
杉山登志郎　二〇一一　発達障害のいま　講談社現代新書
滝吉美知香・田中真理　二〇一一　発達障害者とともに生きる「ナチュラルサポーター」の育成をめざして　東北大学大学院教育学研究科研究年報、五九集二号　一六七―一九二頁
高山恵子　二〇〇九　提言　ナチュラルサポーターの育成　特別支援教育の実践情報、一二七号　六―七頁
田中康雄　二〇一〇　発達障害のある方々と養育者に対する包括的支援ニーズの実態と課題　内山登紀夫・田中康雄・辻井正次編　発達障害者支援の現状と未来図　中央法規　八三―一一一頁
吉田友子　二〇一一　自閉症・アスペルガー症候群「自分のこと」のおしえ方――診断説明・告知マニュアル　学研教育出版

あとがき

「学生相談と発達障害をつなぐ本をぜひ作りたい」というお誘いが、学苑社の杉本さんから編者の一人、高石のもとに寄せられたのは、二年前の秋でした。ちょうど、学苑社から日本学生相談学会五〇周年記念誌として『学生相談ハンドブック』が刊行されてしばらくのころです。

私たちも執筆したこのハンドブックでは、学生相談が取り扱う範囲を広く解説することが求められたため、どれか特定のテーマを掘り下げて論じるということはできませんでした。一方、日本学生相談学会が開催する研修会では、発達障害に関する講義や分科会に参加者があふれ、大学教職員がこの新たな学生支援の課題に戸惑い、実践のための知識や手がかりを求めている状況が続いています。その要請に応えるという責務とともに、このテーマを掘り下げることが、学生相談カウンセラーのアイデンティティを問い直す重要な自己確認の作業にも通じるとの高石の考えに深く共感し、「発達障害」研究をライフワークにできればと願う私は、この本作りに共に参加することにしました。

とはいえ、発達障害に関する啓発書や具体的な支援の方法を紹介した解説書は一通り出揃った感があります。日進月歩で新しい知見や支援の方策が出されていくこの領域で、屋上屋を架すような、あるいは二番煎じにならないような書物を編むにはどうすればよいか、思案を重ねた末に、個々のカウンセラーの現場での主観的体験を通した発達障害（やそれと見立てられる）学生の世界を描くという手法を取ることになりました。障害名ではなく支援ニーズによる特別な配慮を提供する支援組織体制の構築を大学でますます進めていくことは必要であると思いますが、組織体制はあくまでも「器」であり、学生にかかわるのは「人」です。各事例章で描かれているとおり、多くの大学カウンセラーは閉じられた面接室から出た多様な実践を行なっています。本書は組織体制ではなく、あくまでも学生相談機関に所属するカウンセラーが日々の相談活動において緩やかに構築した学内外ネットワークを活用しながら、発達障害（傾向をもつ）学生（やその親）とカウンセラーとの関係性から生成していく支援を記述しています。

ただし、本書の執筆者の多くは専任カウンセラー（教員）として職務に携わっていますが、学生相談の組織や施設が未整備で、非常勤カウンセラーのみ、という大学も多いことも事実であり、終日面接室に閉じこもり孤軍奮闘しているカウンセラーや教職員にとっては、こうした実践は難しいと嘆く読者もいることでしょう。支援とカウンセリングのエッセンスを糧にしていただければと願います。

実際の事例の抜粋や部分的な修正加工ではなく、創作事例や架空事例を通して学生相談のリアリティを伝えようとする試みについては、さまざまなご意見があることと思います。非科学的、恣意的、と言われればそれまでです。しかし、「事例」とはそもそも、何か客観的な対象物（人）として単独でそこに在るわけではなく、支援を必要とする人と提供する人、そして取り巻く環境の相互関係の中で生成されるものであると私たちは考えています。

さて、日本学生支援機構の調査（二〇一二、前出［第1章一三頁参照］）によれば、大学で現在行われている授業以外の具体的な支援内容のうち割合の多い上位項目は、「保護者との連携」「学習指導」「社会的スキル指導」「専門家（臨床心理士等）による心理療法としてのカウンセリング」となっています。学生相談カウンセラーにとって、心理療法・カウンセリングがどのように行なわれているかは特に、大いに関心のあるテーマではないでしょうか。学生の利益、より良い学生生活、ひいてはより良い人生に資するものであることが前提であるとしても、本書を編む中で、各事例章からは、カウンセラーの視点や重点が異なることに私たち自身が気付かされました。

しかし、まず、絶対的な援助技法はないと断言したいと思います。そして、「発達障害」という視点をもちつつも、支援の在り方について「発達障害に限らない、定型発達の学生と同じである」と総じて論じることには慎重でありたいと考えます。なぜなら、関係性、自己理解という心理臨床でも自明とされる概念ですら、発達障害という視点からは、「カウンセラー」の意図するものと相当のずれが生じるように思えるからです。たとえば、面接室内でのやりとりの中でカウンセラーが関係性の深まりを感じたとしても、場所が異なれば、彼、彼女らは、相手の顔すら覚えていないことがあります。自己理解は、第1章で述べられているように、「自分の身を守るためにさまざまな防衛を行なった結果、世界への独特な住まい方をする」彼、彼女らの自己理解であり、定型発達者であるカウンセラーの想定する自己理解とは意味を異にすると考える方が妥当なのかもしれません。ゆえに、各事例章でカウンセラーが描く発達障害の学生の世界は、ともすれば現実のそれらの学生の主観的体験とずれていたり、十分な理解が及んでいない場合もあるでしょう。

そうした捉え方、あるいは医療領域や特別支援教育・さまざまな近接領域の専門家からは、カウンセリングは役に立たないという声が多く聞かれることも事実です。しかし、私たちは勇気をもって、本書からそれらへ反論したいと思います。各事例章の、また多くの学生相談カウンセラーが「自分の主体をぶつけ」ながら、学生たちとの間に築く「関係性」と名付ける「なにものか」から、学生たちが「学び」、手持ちの力で生み出し続ける「成長」の物語には説得力があると思っています。

と同時に、読者のみなさまから、多々の疑問・批判が投げかけられることにもまた意味があると考えます。

時間との闘いの中で、学苑社の杉本哲也さんには大変お世話になりました。ありがとうございました。

そして、私たちに刺激を与え続けてくれる発達障害や発達障害かもしれない大学生のみなさんと全国の学生相談カウンセラーのみなさんに、感謝の気持ちとエールを送りたいと思います。

二〇一二年四月

岩田　淳子

執筆者紹介

高石恭子（たかいし　きょうこ）【編集、1章、終章】
京都大学大学院教育学研究科博士後期課程単位取得退学
甲南大学文学部教授・学生相談室専任カウンセラー
主な著書：『12人のカウンセラーが語る12の物語』（共編著、ミネルヴァ書房）、『学生相談ハンドブック』（共編著、学苑社）

岩田淳子（いわた　あつこ）【編集、7章、終章】
青山学院大学大学院文学研究科心理学専攻修士課程修了
成蹊大学文学部教授・学生相談室専任カウンセラー
主な著書：『発達障害と家族支援（家族心理学年報29）』（分担執筆、金子書房）、『学生相談ハンドブック』（分担執筆、学苑社）

大倉得史（おおくら　とくし）【2章】
京都大学大学院人間・環境学研究科博士後期課程修了、博士（人間・環境学）
京都大学大学院人間・環境学研究科准教授
主な著書：『育てる者への発達心理学』（単著、ナカニシヤ出版）、『「語り合い」のアイデンティティ心理学』（単著、京都大学学術出版会）

佐々木玲仁（ささき　れいじ）【3章】
京都大学大学院教育学研究科博士後期課程修了、博士（教育学）
九州大学大学院人間環境学研究院准教授
主な論文：「風景構成法に顕れる描き手の内的なテーマ—その機序と読み取りについて」心理臨床学研究，25(4)

毛利眞紀（もうり　まき）【4章】
九州大学大学院人間環境学府人間共生システム専攻博士後期課程単位取得退学
東京工業大学保健管理センター講師・カウンセラー
主な論文：「広汎性発達障害を持つ女子学生との心理面接過程—障害と自己の特性理解についての考察」学生相談研究，30(1)

渡部未沙（わたなべ　みさ）【5章】

京都大学大学院教育学研究科博士後期課程修了、博士（教育学）
首都大学東京人文科学研究科教授・学生相談室専任カウンセラー
主な著書：『思春期・青年期の臨床心理学』（分担執筆、培風館）、『心理臨床実践における連携のコツ』（分担執筆、星和書店）

高橋寛子（たかはし　ひろこ）【6章】

京都大学大学院教育学研究科博士後期課程単位取得退学
山梨英和大学人間文化学部准教授
主な著書：『学生相談から切り拓く大学教育実践』（共編著、学苑社）、『12人のカウンセラーが語る12の物語』（分担執筆、ミネルヴァ書房）

中川純子（なかがわ　じゅんこ）【8章】

京都大学大学院教育学研究科博士後期課程単位取得退学
京都大学学生総合支援センター准教授・専任カウンセラー
主な著書：『12人のカウンセラーが語る12の物語』（分担執筆、ミネルヴァ書房）、『大学生がカウンセリングを求めるとき』（分担執筆、ミネルヴァ書房）

石金直美（いしかね　なおみ）【9章】

京都大学大学院教育学研究科博士後期課程単位取得退学
大阪大学保健センター准教授・学生相談室専任カウンセラー
主な著書：『「発達障害」と心理臨床』（分担執筆、創元社）、『現代社会と臨床心理学』（分担執筆、金剛出版）

千田若菜（ちだ　わかな）【10章】

早稲田大学大学院人間科学研究科修士課程修了
医療法人社団ながやまメンタルクリニック　就労支援担当（臨床心理士）
主な著書：『発達障害における精神科的な問題』（共著、日本文化科学社）、『障害者の雇用・就労をすすめるジョブコーチハンドブック』（分担執筆、エンパワメント研究所）

学生相談と発達障害

2012年5月25日　初版第1刷発行
2015年7月20日　初版第2刷発行

編著者　高石　恭子
　　　　岩田　淳子

発行者　杉本　哲也
発行所　株式会社学苑社
東京都千代田区富士見2－10－2
電話　03（3263）3817
Fax　03（3263）2410
振替　00100-7-177379
印刷　藤原印刷株式会社
製本　株式会社難波製本

ISBN978-4-7614-0747-6